Hans Weiss

Schwarzbuch ÖBB

Unser Geld am Abstellgleis

Deuticke

1 2 3 4 5   17 16 15 14 13

ISBN 978-3-552-06228-3
Alle Rechte vorbehalten
© Deuticke im Paul Zsolnay Verlag Wien 2013
Satz: Eva Kaltenbrunner-Dorfinger, Wien
Umschlaggestaltung und Motiv: David Hauptmann,
Hauptmann & Kompanie Werbeagentur, Zürich
Druck und Bindung: CPI – Ebner & Spiegel, Ulm
Printed in Germany

MIX
Papier aus verantwortungs-
vollen Quellen
FSC® C006701

Inhalt

Vorwort

Kritische Stimmen aus den ÖBB

Spinnweben und Staub und in der Brausetasse Schimmel und Kalkablagerungen – so beschreibt ein ÖBB-Lokführer am 15. Dezember 2012 den Zustand des Zimmers, in dem er am Bahnhof Amstetten/NÖ übernachten sollte. Und stellt in einem internen Bericht die Frage, wann sich daran etwas ändert. Am 6. Mai 2013 berichtet ein Lokführer des Regionalexpress-Zuges Wien – Eisenstadt, dass vor der Abfahrt laut elektronischem Informationssystem die für die Sicherheit des Zuges notwendige Magnetschienen-Bremse elektrisch abgeschaltet war. Dem Reparaturbuch der Lok konnte er entnehmen, dass dieser Fehler bereits am Tag zuvor gemeldet worden war! – Laut geltender ÖBB-Betriebsvorschrift hätte dieser Zug also gar nicht fahren dürfen!

Am 10. Mai 2013 beobachtet der Lokführer des Regionalzuges Kötschach-Mauthen – Villach, wie das Reinigungspersonal der WC-Anlagen mit Fäkalien-verdreckten Handschuhen seine Lok besteigt. Er schreibt einen ÖBB-internen Bericht und weist darauf hin, dass er dieselbe Beobachtung schon wiederholt machen musste.

Am 21. Mai 2013 beschwert sich der Lokführer des Railjets Graz – Wien schriftlich darüber, dass seine Lok seit fast drei Monaten immer noch den gleichen technischen Fehler aufweist. Und er fragt, wie so etwas möglich ist.

Am 27. Mai 2013 beschwert sich der Lokführer des Regionalexpress-Zuges, der von České Velenice/Tschechien über Gmünd/NÖ nach Wien fährt, dass die Steuerleitung zwischen Triebfahrzeug und Steuerwagen immer wieder unterbrochen wurde – geschätzte vierzigmal. Und dass es deshalb zu starken Zerrungen im Zug und zu Verspätungen kam. Laut Reparatur-Auftragsbuch gab es dieses Problem bereits seit März 2013!

Am 2. Juni 2013 um 13:15 Uhr berichtet ein Lokführer des Regionalzuges, der von Aigen-Schlägl/OÖ nach Linz fährt, dass bei Kilometer 46,6 eine Person am Gleis lag – offenbar mit Suizidabsicht. Trotz Schnellbremsung konnte er den Zug nicht mehr rechtzeitig stoppen und prallte auf die Person auf. Weil es auf dem Führerstand seiner Lok keinen Funkempfang gab, verständigte er per Handy seinen Vorgesetzten. Eineinhalb Stunden später fuhr er weiter und wurde am Bahnhof Haslach abgelöst.

Misswirtschaft mit System

Diese sechs zufällig ausgewählten Berichte sind keine Einzelfälle. Sie stehen in einer ÖBB-internen Datenbank, die nur den etwa 4000 Lokführern und Lokführerinnen sowie deren Vorgesetzten zugänglich ist.

Es ist ein kollektives Lokführer-Tagebuch, in dem alle wichtigen Probleme und Vorfälle im Bahnbetrieb eingetragen werden: technische Störungen, nicht durchgeführte Fahrzeugreparaturen, Probleme mit unfähigen Managern, Konflikte mit Reisenden, Unfälle, Suizide, fehlerhafte Funksysteme, mangelhafte Reinigungsdienste, Missstände beim Übernachten in firmeneigenen Räumlichkeiten, unwillige Zug-Disponenten und vieles andere mehr.

Jeden Monat melden die Lokführer 1000 bis 1500 derartige Probleme. Eine Analyse von etwa 7000 Meldungen des vergangenen halben Jahres ergibt folgende Zustände bei den ÖBB:
1. Mitarbeiter werden schlecht und unwürdig behandelt.
2. Im Bahnbetrieb der ÖBB gibt es gravierende Qualitäts- und Sicherheitsprobleme: Notwendige Reparaturen an Fahrzeu-

gen werden oft schlampig oder mit wochenlangen Verzögerungen durchgeführt.

3. Jeden Monat können Hunderte von Zügen wegen technischer Mängel oder fehlender Überprüfungen nicht wie vorgesehen in Betrieb gehen oder den Zielbahnhof nicht erreichen.

Ich fahre Bahn

Wenn es um die ÖBB geht, scheiden sich die Geister. Es gibt Menschen, die mit der Bahn nichts zu tun haben wollen und nur darüber schimpfen; es gibt Menschen, die auf die Dienste der Bahn angewiesen sind – weil sie als Schüler oder Lehrlinge noch keinen Führerschein besitzen oder bereits zu alt fürs Autofahren sind; es gibt Menschen, die aus finanziellen Gründen oder aus Bequemlichkeit oder, um die Umwelt zu schützen, mit der Bahn fahren; und es gibt Menschen, die leidenschaftlich gern mit der Bahn fahren.

Ich benütze die Bahn, seit ich zehn bin. Für mich waren die ÖBB jahrzehntelang eine Institution, die sich nicht veränderte. Die Autos wurden schneller, die Zeit drehte sich schneller, aber die Bahn blieb »gemütlich« – zumindest in Österreich. Und während sie dahinzuckelte, wurden immer mehr Bahnstrecken eingestellt oder an das jeweilige Bundesland verkauft, und immer mehr Personen fuhren mit dem Auto oder benützten das Flugzeug.

Als ich zum ersten Mal in Deutschland mit einem ICE-Zug fuhr, staunte ich über die Schnelligkeit, Eleganz und Modernität. Dass es so etwas gibt! Es dauerte aber noch viele Jahre, bis sich die ÖBB dazu bequemten, den Staub aus ihren veralteten Zügen zu blasen.

Gehupft wie gesprungen

Wenn ich von Wien nach Vorarlberg fahre, nehme ich meist den Railjet bis Dornbirn und steige in einen Bus um. Bis Ende 2012 dauerte die Bahnfahrt etwa sieben Stunden. In Dornbirn musste ich dann fast ein Stunde warten, bis mich der nächste Bus in meinen Heimatort brachte – weil die Abfahrtszeit des Busses so festgesetzt war, dass er mir jedes Mal vor der Nase davonfuhr. Ende vergangenen Jahres kam jedoch »Bewegung rein«, wie es in einer ÖBB-Werbung heißt. Die von mir benützte Bahnstrecke in den Westen wurde schneller. Mein erstes Halleluja blieb mir im Hals stecken, als ich hörte, dass es nur eine mickrige halbe Stunde ist. So viele Milliarden waren investiert worden und so wenig war dabei herausgekommen?

Die nächste Überraschung lauerte am Bahnhof Dornbirn. Denn nun musste ich nicht nur eine Stunde auf den Bus warten, sondern eineinhalb. Die ÖBB-Beschleunigung hatte mir also gar nichts gebracht. Wie gewonnen, so zerronnen! Hätte man schon vor Jahren den Fahrplan des Busses der Ankunft des Zuges angepasst, hätte das wahrscheinlich gar nichts gekostet und ich wäre schneller zu Hause gewesen. Und das ganz ohne Milliardeninvestitionen der ÖBB.

Solche Beispiele gibt es viele.

Österreichische Verkehrspolitik

Was sind die Folgen dieser Verkehrspolitik? Für mich persönlich bedeutet es: Entweder buche ich einen Flug nach Altenrhein in der Schweiz und fahre mit einem Leihwagen weiter. Oder ich benütze den ÖBB-Autoreisezug und fahre in Feldkirch mit meinem eigenen PKW weiter. Oder ich nehme den Nachtzug und steige in Dornbirn in ein reserviertes Auto der Firma Carsharing. Oder, in seltenen Fällen, fahre ich die ganze Strecke mit dem PKW.

Alle diese Möglichkeiten habe ich mehrfach ausprobiert. Die simpelste, umweltfreundlichste und billigste Lösung – öffentlicher Verkehr – scheint in Österreich einfach nicht zu funktionieren. Glaubt man dem neuen »Gesamtverkehrsplan für Österreich« aus dem Jahr 2012, soll in Zukunft jedoch alles besser werden. Der öffentliche Verkehr, so heißt es, soll besser vernetzt werden. Ich höre solche Botschaften schon seit Jahren. Wer's glaubt, wird selig. Die Schweizer bringen so etwas zustande, aber die Österreicher?

ÖBB-Insider

Für dieses Buch habe ich mit zahlreichen Fachleuten und mehr als einem Dutzend Personen geredet, die bei der Bahn waren oder sind. Einer von ihnen hat es mir ermöglicht, mehrmals auf dem Führerstand einer Lok mitzufahren, etwa von Wien Richtung Norden und Süden. Siehe dazu »Auf einer Lok Richtung Süden« und »Vorwärts in die Vergangenheit«. Während dieser Fahrten hat mir dieser Insider anschaulich gezeigt, was bei den ÖBB schiefläuft.

ÖBB-Geheimnisse

Warum werden viele Strecken gleichzeitig beschleunigt und verlangsamt? Warum ist der Gleisabstand neuer Bahnstrecken zwanzig Zentimeter breiter als in anderen Ländern? Warum werden sündteure Tunnel gebaut, deren Nutzen von unabhängigen Fachleuten bezweifelt wird? Warum sahnen beim Gütertransport private Firmen ab und zahlen die ÖBB drauf? Was ist der Eisenbahner-Himmel? Warum sind die Verkehrsprognosen bei neuen Bahnprojekten meist zu hoch und Kostenschätzungen meist zu

niedrig? Warum verteilen ÖBB-Fahrdienstleiter auf Bahnsteigen händisch »Befehle« an Lokführer?
Antworten auf diese Fragen finden Leser im Buch.

Freunderlwirtschaft

Ein eigenes Kapitel ist der Freunderlwirtschaft und ähnlichen österreichischen Spezialitäten gewidmet. Ich habe versucht, alle derzeit laufenden Ermittlungsverfahren gegen ehemalige und noch tätige ÖBB-Manager, aber auch gegen hochrangige Politiker wie den ehemaligen Verkehrsminister Werner Faymann – »sieben Millionen für den Werner« – zusammenzufassen. Sie betreffen insgesamt etwa 25 Personen.

Daraus ergibt sich ein schauriges österreichisches Sittenbild: Hinter fast jedem Vorhang, den man aufzieht, blüht die Korruption. Was sich in den ÖBB abgespielt hat – vorsichtigerweise bleiben wir in der Vergangenheit –, ist durchaus vergleichbar mit der berüchtigten Telekom.

Immerhin gibt es von Seiten des Bahnchefs Christian Kern den erkennbaren Willen, korrupte Vorgänge in Zukunft zu unterbinden. Darüber hinaus scheint mit ihm auch betriebswirtschaftliches Denken bei den ÖBB eingezogen zu sein.

Fünf, sechs oder sieben Milliarden

Wie viel Geld gibt der Bund – also wir Steuerzahler – für die ÖBB aus? Die Antwort darauf ist so kompliziert, dass sich darüber 2009 sogar die Mitglieder der Regierung in die Haare gerieten. Der damalige Finanzminister Josef Pröll (ÖVP) sprach von sieben Milliarden Euro und sein Staatssekretär Reinhold Lopatka (ÖVP) von 6,8 Milliarden. Die Verkehrsministerin Doris Bures (SPÖ) dementierte wütend und rechnete vor, dass es lediglich 3,5 Milliarden sind. Jedenfalls zahlt im Schnitt jeder Österreicher jährlich 600 bis 830 Euro für die Bahn, egal, ob er sie benutzt oder nicht.

Wie viele Milliarden nun also? Niemand scheint bereit, darauf eine wirklich klare Antwort zu geben.

Eine Frage, drei Antworten

Drei verschiedene Institutionen, die mit der Finanzierung der Bahn zu tun haben – das Finanzministerium, das Verkehrsministerium und die ÖBB –, kommen bei der Frage nach den Kosten zu drei unterschiedlichen Ergebnissen. Dabei hat man es mit einem Wirrwarr an Zahlen zu tun, die nach unterschiedlichen Gesichtspunkten aufgeschlüsselt oder, besser gesagt, verschlüsselt sind. Für normale Staatsbürger sind die präsentierten Zahlen zum Großteil nicht nachvollziehbar. Ist das Absicht?

Alle Beteiligten versuchen, die Verantwortung für bestimmte ÖBB-Ausgaben von sich zu schieben. Das hat wohl damit zu tun, dass man sich keine Lorbeeren holt, wenn man sagt: Das sind meine Schulden! Und so kommt es, dass sie gerne als herrenloses Gut behandelt werden.

Verkehrsministerium

Das Verkehrsministerium dementierte mir gegenüber die Zahl von sieben Milliarden Euro und verwies darauf, dass alle meine Fragen in den Geschäftsberichten der ÖBB, dem blog.oebb.at sowie auf den folgenden drei Homepages beantwortet werden:

1. Dem Rechtsinformationssystem des Bundeskanzleramtes. Hier habe ich allerdings keine Zahlen gefunden, sondern nur Gesetzestexte.

2. Der Homepage der SchIG – das ist die staatliche Abwicklungs-

stelle des Verkehrsministeriums für Förderungen im Schienenbereich. Hier habe ich ebenfalls keine Daten zu den Gesamtkosten der ÖBB gefunden.

3. Der Homepage des Verkehrsministeriums. Hier habe ich zwar keine Angaben zu den Gesamtkosten der ÖBB gefunden, aber ein »Faktenblatt Finanzierung der Schieneninfrastruktur« inklusive zwei Tabellen. Da geht es um Bundeszuschüsse für die Infrastruktur und den Betrieb.

Die Darstellung der Zahlen für das Jahr 2013 ist so verwirrend, dass nicht genau nachvollziehbar ist, wie viel Geld der Bund insgesamt dafür ausgibt. Überschneiden sich die in den Tabellen genannten Budgetposten? Laut Tabelle 2 zahlt der Bund im Jahr 2013 insgesamt 2,725 Milliarden Euro an das Unternehmen »ÖBB Infrastruktur« für »Infrastruktur, Instandsetzung und Wartung«. Tabelle 1 besagt, dass das Unternehmen »ÖBB Infrastruktur« im Jahr 2013 für »hochrangige Schieneninfrastruktur« 1,792 Milliarden Euro ausgibt. Warum deckt sich keine dieser Zahlen mit jenen, die im offiziellen ÖBB-Rahmenplan der Jahre 2013 bis 2018 angegeben sind? Hat die Verwirrung auch damit zu tun, dass im Jahr 2003 damit begonnen wurde, das Unternehmen ÖBB in drei eigenständige Unternehmensbereiche aufzuspalten: ÖBB-Personenverkehr AG, Rail Cargo Austria AG (= Gütersparte) und ÖBB-Infrastruktur AG? Über diesen drei offiziell unabhängig voneinander wirtschaftenden Teilgesellschaften gibt es die ÖBB-Holding AG.

Am Ende meiner Zahlensucherei stehe ich jedenfalls verdutzt da und fühle mich wie der berühmte Ochs vorm Berg. Der Generalsekretär des Verkehrsministeriums, Diplomingenieur Herbert Kasser, erläutert mir später, dass eine Tabelle bedeutet, »das zahlt der Bund«, und die andere, »das investieren die ÖBB«. Das bringt mich einer Antwort auf die Frage, wie viel Geld der Bund für die ÖBB ausgibt, allerdings auch nicht näher. Ergänzend meint Generalsekretär Kasser, dass man bei den Kosten für die ÖBB auch berücksichtigen müsste, wie viel Steuerleistungen durch ÖBB-

Investitionen erbracht werden. Dazu wäre jedoch eine eigene Studie notwendig.

Finanzministerium

Auch aus dem Finanzministerium gibt es viele Zahlen, aus denen man nicht wirklich schlau wird. Der »Arbeitsbehelf Bundesfinanzgesetz 2013« nennt für das Jahr 2012 eine Zahlung von 4,532 Milliarden Euro an die ÖBB. Ob da auch die Kosten für die ÖBB-Pensionisten in der Höhe von rund zwei Milliarden enthalten sind, ist aber nicht klar.

Andere Aufschlüsselungen des Finanzministeriums, bei denen es um Pensionsleistungen, »Schuldenaufnahme ÖBB-Infrastruktur« und Haftungsübernahmen für die ÖBB-Schulden geht, weisen wieder ganz andere Zahlen aus. Auch hier komme ich also auf keinen grünen Zweig. Eine Anfrage an die Pressestelle des Finanzministeriums hilft mir ebenfalls nicht weiter.

ÖBB

Laut Geschäftsbericht erhielten die ÖBB im Jahr 2012 vom Bund 1,09 Milliarden Euro für den Betrieb und 684,2 Millionen Euro als Entgelt für gemeinwirtschaftliche Leistungen. Darüber hinaus auch noch 454,4 Millionen Euro als Beitrag für Infrastruktur-Investitionen und 257,3 Millionen Euro von den Bundesländern und Gemeinden für »Verkehrsdienst-Bestellungen«.

Das ergibt einen Gesamtbetrag von 2,48 Milliarden Euro. Dazu muss man noch den Betrag rechnen, den der Bund für ÖBB-Pensionen ausgegeben hat – rund zwei Milliarden Euro. Und vermutlich einen Anteil von siebzig Prozent jener 2,2 Milliarden Euro (laut Rahmenplan), die vom Bund als Investition in die ÖBB-Infrastruktur übernommen werden – das wären weitere 1,54 Milliarden Euro. Damit käme man auf eine Summe von 6,02 Milliarden Euro.

Zieht man auch noch die »Kostenbeiträge« öffentlicher Stellen und staatsnaher Firmen in Betracht, die auf Seite 98 des ÖBB-Geschäftsberichts 2012 aufgelistet werden, kommt man möglicherweise auf eine Summe zwischen sieben und acht Milliarden Euro.

Ein Gespräch mit Aufsichtsratschef Horst Pöchhacker

ÖBB-Aufsichtsratschef Horst Pöchhacker war erst nach einigem Hin und Her zu einem Gespräch bereit – und gab Überraschendes von sich. Beispielsweise erklärte er, der Bau des milliardenteuren Unterinntaltunnels sei unnötig gewesen (siehe dazu Seite 66). Ein Wunsch der Politik, nicht der ÖBB. Pöchhacker dementierte, dass die ÖBB und die Eisenbahnpolitik von Baulobbys dominiert seien. Und dass sich der Staat verschuldet, um teure Infrastrukturprojekte zu finanzieren, ist für ihn kein Problem. Der Nutzen würde sich oft erst Jahrzehnte später erweisen, sagt er.

Pöchhacker bestritt Interessengegensätze zwischen den Funktionen, die er ausübt: etwa als Aufsichtsratschef der ÖBB einerseits und Aufsichtsratschef der Firma UBM andererseits, deren Hauptaktionär die Baufirma PORR ist – die wiederum einer der größten Auftragnehmer der ÖBB ist. In seltenen Fällen, sagte er, müsse er halt den Sitzungsraum verlassen.

Schulden

Klar ist, dass die ÖBB ein hochverschuldetes Unternehmen sind. Klar ist aber auch, dass ein großer Teil dieser Schulden nicht auf dem Mist der ÖBB gewachsen sind, sondern auf dem Mist aller Verkehrspolitiker, welche das Unternehmen dazu benutzt haben, um ihre Lieblingswünsche in Auftrag zu geben: hier ein sinnloser Tunnel, dort ein größenwahnsinniger Bahnhof, hier eine unnötige Hochleistungsstrecke, dort eine nicht kostendeckende, zu niedrige Schienenmaut, hier ein Freunderl, das man versorgen wollte, dort eine zu breite Trasse.

Weil alle diese Wünsche zwar hohe Kosten verursachten, aber nicht im Bundesbudget ausgewiesen werden mussten, konnte die Politik bis jetzt beruhigt schlafen. Denn offiziell existierten diese Schulden gar nicht; man hatte sie in die ÖBB ausgelagert. Und was »ausgelagert« war, zählte nach den Maastricht-Kriterien der EU nicht.

Seit kurzem geht das aber nicht mehr, weil die EU sagt: So kann das nicht weitergehen. Denn am Ende, wenn irgendwann Zahltag ist, bleiben diese Schulden ja doch beim Eigentümer – dem Staat – hängen.

Immerhin ist bekannt, wie hoch die Schulden sind: 18,4 Milliarden Euro, mit stark steigender Tendenz. Das Verrückte daran ist allerdings, dass das Parlament vor kurzem beschlossen hat, diese Summe für weitere fragwürdige ÖBB-Projekte rasant ansteigen zu lassen. Man genehmigte sogenannte »Vorbelastungen« in der Höhe von über dreißig Milliarden Euro, die in Wirklichkeit aber weit höher sind. Ein einziger Abgeordneter der ÖVP protestierte dagegen und erklärte, so etwas sei unverantwortlich gegenüber den zukünftigen Generationen. Woraufhin er von seinen Parteikollegen gemaßregelt wurde.

Gewinne

Ende April 2013 verkündete ÖBB-Chef Christian Kern: Das vergangene Jahr sei ein erfolgreiches gewesen. Man habe das beste Ergebnis der ÖBB-Geschichte erwirtschaftet und Gewinne geschrieben. Und zwar sowohl der Gesamtkonzern ÖBB als auch die Teilkonzerne.

Wie ist das möglich – gleichzeitig Schulden und Gewinne zu machen? Nun, die Schulden schiebt man in ein dunkles Kammerl und schließt die Tür. Da bleiben sie und wachsen weiter, aber sie stören nicht.

Und damit können wir uns dem erzielten Gewinn zuwenden. Bei den ÖBB ist es ja so, dass Staat, Bundesländer und Gemeinden sehr viel Geld zuschießen: für den Betrieb, für bestellte Verkehrsleistungen und für die Infrastruktur. Diese Zuschüsse machen insgesamt etwa die Hälfte des Umsatzes aus, den die ÖBB erzielen. Die andere Hälfte wird auf dem freien Markt erwirtschaftet.

Woher kommt nun der Gewinn? Die öffentlichen »Zuschüsse« zu den ÖBB sind von 2011 auf 2012 um 149 Millionen Euro angestiegen. Im selben Zeitraum ist auch der »Ertrag« angestiegen – um rund 94 Millionen Euro. Daraus kann man schließen, dass der Ende des Jahres 2012 ausgewiesene Gewinn von 66,5 Millionen Euro im Jahr 2012 letztlich dadurch zustande kam, dass die öffentliche Hand mehr Geld als im Vorjahr zugeschossen hat.

Am ehrlichsten wäre es, wenn der Staat den ÖBB-Bereich Infrastruktur samt allen Schulden übernehmen würde. Dann hätten der Personen- und der Güterverkehrsbereich die Chance, in Zukunft echte Gewinne zu schreiben.

Weniger Bahn

2010 wurden zahlreiche Bahnstrecken eingestellt und das Schienennetz verkleinert, von 5702 Kilometern im Jahr 2009 auf 5241 im Jahr 2010. Das Land Niederösterreich erwarb eine Reihe von Nebenstrecken – und legte viele davon kurz darauf still.

2009 ging der ÖBB-Gütertransport auf Schienen dramatisch zurück, um fast neunzehn Prozent, stieg dann wieder an, und seit Ende 2011 gibt es erneut einen Rückgang. 2011 und 2012 wurden entgegen der Regierungserklärung »Von der Straße auf die Schiene« zahlreiche Verladestellen für Gütertransporte geschlossen.

All das zeigt: Die vielen optimistischen Prognosen über eine

Zunahme des Güterverkehrs auf Schienen waren Phantasiezahlen. Fatalerweise basieren jedoch fast alle teuren Tunnelprojekte, Hochleistungsstrecken und Bahnhofsneubauten der vergangenen und noch kommenden Jahre auf diesen falschen Prognosen.

ÖBB – Straße statt Schiene

Laut Geschäftsberichten transportierten die ÖBB im Jahr 2003 insgesamt 184 Millionen Passagiere per Bahn und 93 Millionen mit Bussen.

In den folgenden Jahren drehte sich dieses Verhältnis um. 2006 wurden 193 Millionen Passagiere mit der Bahn transportiert, aber bereits 247 Millionen mit Bussen. Das hat natürlich auch damit zu tun, dass 2003 die Postbusse von den ÖBB übernommen wurden. Sicher ist: Laut Passagierzahlen sind die ÖBB heutzutage eher ein Busunternehmen als ein Schienenunternehmen. Laut Geschäftsbericht waren 2012 insgesamt 214 Millionen Passagiere in ÖBB-Zügen unterwegs, aber 233 Millionen in ÖBB-Bussen.

Diese Tatsache war bis vor kurzem nicht einmal dem ÖBB-Aufsichtsratschef Horst Pöchhacker bekannt. Als er in einem Gespräch Ende Juni damit konfrontiert wurde, bestritt er das und wollte es gar nicht glauben.

Tricks bei der Schienenmaut

Verbilligt das ÖBB-Unternehmen »Infrastruktur« die Schienenmaut für den Güterverkehr, erspart sich die Güterverkehrssparte der ÖBB (= RCA) viel Geld. Die Verbilligungen in den Jahren 2011 und 2012 um insgesamt 29 Prozent haben wesentlich dazu beigetragen, dass das ÖBB-Unternehmen RCA im Jahr 2012 wenigstens einen kleinen Bilanzgewinn schreiben konnte.

Andererseits wurde die Schienenmaut für den Personenverkehr zwischen Wien und Salzburg erhöht: 2012 um 9,6 Prozent, 2013 um zehn Prozent. Was dazu führte, dass die Kosten für den ÖBB-Personenverkehr, aber auch für den neuen Konkurrenten WESTbahn deutlich höher waren. Für die WESTbahn ergaben sich dadurch Mehrkosten von insgesamt mehr als zwei Millionen Euro, für den ÖBB-Personenverkehr von geschätzten dreißig Millionen Euro. Weil die ÖBB jedoch einen ganz besonderen Vertrag mit dem Bund haben, werden ihr diese Preiserhöhungen zum Großteil vom Steuerzahler ersetzt.

Konkurrenz durch die WESTbahn

Was kann man daraus schließen? Die Schienenmaut ist eine elegante Methode, um die Konkurrenz zu benachteiligen. Allerdings sollten sich die ÖBB alle zehn Finger abschlecken, dass es die WESTbahn gibt. Denn wie heißt es so schön? Konkurrenz belebt das Geschäft! Das Auftreten der WESTbahn hat jedenfalls dazu geführt, dass auf der Konkurrenzstrecke Wien – Salzburg auch die ÖBB mehr Passagiere transportieren. Die Passagiere können sich freuen, denn seither hat sich auch der Service der ÖBB spürbar verbessert.

Ein Blick auf die Schweiz

Was ist der Unterschied zwischen der Schweizer Bahn und der österreichischen? Ein Insider der ÖBB, der beide Bahnsysteme gut kennt, sagt:»Die Schweizer fragen: Was brauche ich für eine Bahn – dann fragen sie das Volk und tun alles, um die Entscheidung umzusetzen. Die Österreicher bauen irgendetwas und fragen dann: Was kann ich damit machen?« Bei den ÖBB, sagt er, regiere die Bauindustrie. Man konzentriere sich auf den Ausbau und die Beschleunigung weniger Hauptstrecken, auf große, teure und fragwürdige Projekte, die für die Gesamtzahl der Bahnkunden wenig Nutzen haben.

Im Unterschied dazu geht es den Schweizern darum, das ganze Land flächendeckend mit guten öffentlichen Verbindungen zu versorgen. Eine Bahn nicht für wenige, sondern für alle. Und eine Vernetzung und Abstimmung aller öffentlichen Verkehrsmittel.

Der Schweizer Bahnfachmann Benedikt Weibel, der lange in leitenden Positionen der SBB war, erklärt: »Man sollte auf alle Investitionen verzichten, deren Nutzen nicht klar ausgewiesen ist.« Würde sich die österreichische Verkehrspolitik an diesen Grundsatz halten, müsste man sofort viele Bahnprojekte – allen voran den Brenner-Basistunnel und die Koralm-Strecke samt Tunnel – einstellen.

Meine persönlichen Wünsche an die Eisenbahn-Götter

- Die Einstellung aller Tunnelprojekte, deren Nutzen von unabhängigen Fachleuten als fragwürdig eingestuft wird.
- Eine radikale Verkleinerung von Tunnelprojekten.
- Verkehrsminister, die in erster Linie ein Interesse an der Bahn statt am Wohlergehen der Bau- und Bankenlobby haben.
- Einen Generaldirektor, der sich an der Schweizer Eisenbahn orientiert.
- Einen Taktfahrplan nach Schweizer Muster.
- Kürzere Fahrzeiten und höhere Pünktlichkeit.
- Eine Beschleunigung der Bahn durch konsequente Beseitigung von Langsam-Fahrstellen.
- Ein langfristiges, aber auch leistbares Konzept für einen nachhaltigen Schienenverkehr mit Einbindung der Bevölkerung.
- Eine bessere Behandlung der Mitarbeiter.

ÖBB-Märchen

Mitte Mai 2013 schickte ich eine Reihe von Fragen an ÖBB-Generaldirektor Christian Kern, ÖBB-Aufsichtsratschef Horst Pöchhacker und Verkehrsministerin Doris Bures. Zunächst wurden Antworten verweigert – mit der Begründung, meine Meinung über die ÖBB stehe eh schon fest. Nach einigem Hin und Her gab es dann aber doch Gespräche mit ÖBB-Aufsichtsratschef Horst Pöchhacker und dem Generalsekretär des Verkehrsministeriums, Herbert Kasser. ÖBB-Generaldirektor Christian Kern hingegen ließ meine Fragen schriftlich beantworten.

Möglicherweise hat der ÖBB-Chef seinen Laden nicht ganz im Griff. Denn wie sonst ist es erklärbar, dass einige ÖBB-Antworten schlicht und einfach nicht den Tatsachen entsprechen? Etwa die Behauptung, die ÖBB besitzen nur acht LKW und erzielen dementsprechend keinen nennenswerten Umsatz.

Laut firmeneigenen Unterlagen besitzen die ÖBB und ihre Tochterfirmen mindestens 250 LKW und erzielten damit 2012 wohl auch einen entsprechenden Umsatz (siehe Seite 120).

Zweites Beispiel: Offiziell erklären die ÖBB, dass es am 1. Juni 2013 bei der Bahn nur noch 57 Langsamfahrstellen gab – also Streckenteile, auf denen aus technischen Gründen langsamer als üblich gefahren werden muss.

Laut firmeneigenen Unterlagen waren es aber 240 – also mehr als viermal so viele.

Und was soll man davon halten, wenn ÖBB-Aufsichtsratschef Horst Pöchhacker während unseres Gesprächs erklärte, er halte den Tiroler Unterinntaltunnel für »unnötig«. Das sei ein Wunsch der Politik, nicht der ÖBB gewesen. Dieses »unnötige« Loch kostete die Steuerzahler immerhin 2,4 Milliarden Euro. Aber wir haben's ja!

Dieses Buch birgt noch weitere Überraschungen.

1. ÖBB-Kritik von innen

Das geht nicht

Einmal ÖBB, immer ÖBB! Wer dort zu arbeiten beginnt, geht dort in Pension. Walter Kaiser* ist eine Ausnahme. Ich treffe ihn in einem Lokal am neu renovierten Wiener Westbahnhof. Er ist seit kurzem für eine private Güterverkehrsfirma tätig. So wie fast alle ÖBB-Mitarbeiter oder Ex-Mitarbeiter, die bereit sind, über die ÖBB zu reden, ist er ein begeisterter Eisenbahner. Aber er möchte nicht namentlich genannt werden.

Wie beim Militär

Er war bei den ÖBB in verschiedenen Positionen tätig, als Lokführer, als Techniker, als Fahrdienstleiter und im Management. Anfang der 1990er Jahre hat er bei den ÖBB begonnen und dort eine mehrjährige Ausbildung absolviert, als Lokführer und Techniker. Jede Woche musste er Frau und Kinder in Südösterreich verlassen und nach Wien reisen. Wie beim Militär sei es gewesen, sagt er, mit Ausgangssperre ab 22 Uhr und strengen Regeln. Nur am Wochenende konnte er zu seiner Familie nach Hause fahren.

Die Ausbildung selbst sei sehr gut gewesen, aber das Drumherum habe ihn sehr gestört. Vor allem »diese generelle Einstellung zur Arbeit und zum Betrieb«. Wenn man versucht habe, etwas zu verbessern, habe es immer geheißen: »Das geht nicht!« und: »Das ist halt so!«

* Alle Namen mit * sind geändert.

Extrem starr

Er ist oft dagegen angerannt, aber immer stand ihm dieser Satz im Weg. Die ÖBB seien ein extrem starres System, sagt Walter Kaiser. Er scheiterte zum Beispiel daran, die Bestellung von Schreibmaterial zu vereinfachen. Wenn er einen Kugelschreiber oder Bleistifte benötigte, musste er die Unterschrift von drei oder vier verschiedenen Personen einholen. Das nervte ihn so, dass er sich solche Dinge schließlich auf eigene Kosten besorgte.

Tachinierer

Ohne Zustimmung der Betriebsräte ging nichts. Die hatten die wirkliche Macht, erzählt Kaiser. Selbst die schlimmsten Tachinierer wurden von den Betriebsräten geschützt. Es war gang und gäbe, dass ÖBB-Mitarbeiter mit vierzig oder fünfzig regelmäßig drei Wochen auf Kur gingen und anschließend noch eine Woche krankfeierten. Das war die Vorbereitung für die übliche Frühpension. In der Privatwirtschaft, sagt er, würde man solche Leute kündigen – außer jemand ist wirklich krank. Aber das waren nur die wenigsten. Alle wussten das. Das war die allgemein anerkannte Einstellung zur Arbeit.

Krank spielen

Gebhard Pocher*, der sein ganzes Arbeitsleben bei den ÖBB verbracht hat und seit kurzem pensioniert ist, kann das bestätigen. Auch er war in verantwortlichen Positionen bei den ÖBB, und auch er ist bei den Versuchen, etwas zu verbessern, gegen eine Wand gerannt. Pocher erzählt von einem Mitarbeiter, der regelmäßig alle vier Wochen krank spielte. Die Ärzte hatten ihn bereits mehrfach von links nach rechts und von oben nach unten untersucht und festgestellt: Der hat nichts.

Pocher: »Ich habe versucht, mit ihm zu reden und ihn zu einer anderen Einstellung zu bewegen, aber da war nichts zu machen.

Er ist sofort nach dem Gespräch zum Betriebsrat gegangen. Zwei Minuten später hat der bei mir angerufen und sich beschwert, dass ich versucht habe, mit ihm zu reden.«

Viele Betriebsräte

Bei den ÖBB gab es eine große Zahl freigestellter Betriebsräte. Diese waren bei voller Bezahlung nur für die gewerkschaftliche Vertretung zuständig. Sie mussten im Betrieb nichts arbeiten. Laut Gesetz sollte es nur eine begrenzte Anzahl solcher Betriebsräte geben, aber bei den ÖBB herrschten halt eigene Gesetze. Im Zuständigkeitsbereich von Pocher gab es offiziell nur zwei freigestellte Betriebsräte. In Wirklichkeit waren es aber vierzehn oder fünfzehn – pro tausend Mitarbeiter. Dass so ein Betrieb wie die ÖBB in erster Linie dazu da ist, die Kunden zufriedenzustellen und erst dann die SPÖ, die Arbeiterkammer, die Gewerkschaft, hat niemanden interessiert.

Pocher störte das: »Wenn ich als Verantwortlicher so etwas durchgehen lasse – das Krankfeiern, das Nichtstun, das Tachinieren –, dann mache ich mich mitschuldig. Letztlich ist es ja auch eine Kostenfrage, denn irgendwer muss das alles bezahlen. In diesem Fall der Steuerzahler.«

Laut Auskunft der Gewerkschaft gibt es derzeit – im Frühjahr 2013 – bei den ÖBB rund hundert freigestellte Betriebsräte. Das entspreche, so heißt es, den gesetzlichen Bestimmungen.

Ein bisschen Mafia

Pocher konnte daran aber nichts ändern, sagt er, weil die Gewerkschaft so mächtig war. Und dann verwendet er einen harten Vergleich: Die Situation habe ihn immer ein bisschen an die Mafia erinnert. Bis zur obersten Hierarchie hinauf habe es eine Verbrüderung zwischen Gewerkschaft und Management gegeben. Da sei man immer zusammengesessen und habe so getan, als vertrete man dieselben Interessen. Letztlich sei es immer die Gewerkschaft gewesen, die dem Management vorgeschrieben hat, was passiert; wer Karriere macht oder Karriere machen darf. Die Unternehmensführung habe da nicht viel zu sagen gehabt.

Pocher heute: »Einiges hat sich da sicher gebessert, aber nach meinem Eindruck steckt dieser alte Geist immer noch in den ÖBB.«

Leistung – ein Fremdwort bei den ÖBB

Leistung war laut Pocher bei den ÖBB einfach nur Anwesenheit. Es ging nicht darum, was jemand gearbeitet hat, sondern wie viel Zeit jemand irgendwo verbracht hat. Wichtig war, möglichst viele Leute einzustellen – je mehr, umso mächtiger wurde die Gewerkschaft. Pocher weiß nicht, ob da vom Ministerium Druck gemacht wurde oder von der SPÖ oder von der Gewerkschaft, aber es war so. Bei den ÖBB, sagt Pocher, arbeiten in vielen Bereichen Top-Leute, die ihr Geschäft verstehen, aber innerhalb der bestehenden Organisationsstruktur haben die ein schweres Leben.

Wenn man gesagt hat: Da könnte man vielleicht ein oder zwei Mitarbeiter einsparen – die brauchen wir gar nicht –, dann bekam man sofort Probleme mit der Gewerkschaft und wurde vor Gericht gezerrt. Selbst in Ostdeutschland, sagt er, sei es nicht so schlimm gewesen wie in Österreich. Es ging nicht um die Kunden, um die Fahrgäste, sondern in erster Linie um die Mitarbeiter.

Die ÖBB beschäftigen heute etwa 40 000 Mitarbeiter, die Schweizer Bahn nur etwa 28 000. Und trotzdem ist dort die Verkehrsleistung im Personenverkehr mehr als dreimal so hoch wie in Österreich!

Unkündbar

Zu Beginn des Jahres 1991 gab es bei den ÖBB erstmals den Versuch, den Personenverkehr nach Schweizer Vorbild besser zu vernetzen und einen Taktfahrplan zu erstellen. Laut Pocher war es bis dahin so, dass die Züge mehr gestanden als gefahren sind. Um diese Fahrplanänderung durchzuführen, benötigte die ÖBB die Zustimmung der Gewerkschaft. Es wäre laut Pocher problemlos möglich gewesen, diese Veränderung ohne zusätzliches Personal durchzuführen. Aber die Gewerkschaft sagte: Dafür brauchen wir mehr Personal. Also wurden damals sehr viele neue Mitarbeiter eingestellt. Und heute wird man die nicht mehr los, obwohl man sie für den Betrieb nicht mehr benötigt. Sie sind unkündbar.

Diesem Denken – zuerst geht es um das Personal und erst weit dahinter um die Kunden und um eine wirtschaftliche Betriebsführung – wurde alles unterworfen. Das Wort Wirtschaftlichkeit durfte man nicht einmal in den Mund nehmen. Dann ist man sofort auf dem gewerkschaftlichen Scheiterhaufen verbrannt worden. Man hat sich immer auf den Kreisky-Spruch berufen: Mir ist lieber, wir machen ein paar Milliarden Schulden, als dass wir ein paar tausend Arbeitslose haben.

Egal, was es kostet

Beispielsweise wäre es problemlos möglich gewesen, schon in den 1980er Jahren den Betrieb zu automatisieren und damit zu rationalisieren. Dadurch wären einige Mitarbeiter überflüssig geworden. Das hat die Gewerkschaft verhindert.

Beispielsweise haben die ÖBB bei der verstaatlichten Firma SGP (Simmering Graz Pauker), die dem Verkehrsministerium unterstellt war, immer dann Lokomotiven gekauft, wenn dort nicht genügend Aufträge vorhanden waren – egal, ob die ÖBB Lokomotiven benötigten oder nicht. Man ging nach dem Motto vor: Ein Staatsbetrieb hilft dem anderen, egal, was es kostet. Da hat niemand gefragt, ob und welche Lokomotiven man wirklich braucht. Es ging nie um Leistung oder Produktivität. Das Geld war einfach da. Der Staat hat es zur Verfügung gestellt.

Verbotene Fragen

Niemand bei den ÖBB hat etwa gefragt: Warum haben schweizerische oder holländische Lokomotiven eine sehr viel höhere Laufleistung als unsere? Warum sind wir so schlecht? Solche Fragen waren verboten. Die betrieblichen Entscheidungen, die bei den ÖBB gefällt wurden, waren rational meist nicht nachvollziehbar. Da hat es wohl immer entsprechenden Druck von der Politik oder der Gewerkschaft gegeben. Darunter leide das Unternehmen heute noch, sagt Pocher und fügt hinzu:»Wie sollen wir in einer globalisierten Welt bestehen, wenn ständig irrationale Entscheidungen gefällt werden?«

Konkurrenz – auf keinen Fall

Einmal hat Pocher versucht, auf dem freien Markt Angebote für die Reparaturkosten eines Motors einzuholen. Mehr hat er nicht gebraucht! Grad, dass er nicht gesteinigt wurde. Man wollte auf keinen Fall Konkurrenz. Das war so, als ob man sich dem Teufel in die Arme wirft!

Pocher:»Ich hab denen erklärt: Wenn wir so weiterwirtschaften, verlieren wir irgendwann unsere Arbeit. Denn ewig wird der Staat so eine Misswirtschaft nicht bezahlen können.« Pocher ist der Meinung, dass sich diese Einstellung in den vergangenen Jahren zwar ein wenig gebessert habe. Aber sie sei immer noch vorhanden. Wenn er in der Zeitung lese, dass die Finanzministerin Fekter von der ÖVP eine geheime Besetzungsliste für hochrangige Management-Positionen zusammenstelle, um sie dem Herrn Ostermayer von der SPÖ zuzustellen – der das öffentlich allerdings dementierte –, dann könne man sehen, wie solche Dinge nach wie vor geregelt werden.

Die WESTbahn

Ein Freund von Walter Kaiser arbeitet bei der Konkurrenz – der von den ÖBB viel geschmähten WESTbahn GmbH. Bei den ÖBB ist es so, dass manche Arbeitsabläufe sehr stark aufgesplittert sind. Da gibt es beispielsweise einen Spezialisten, der nur Scheiben putzt, oder einen, der nur bei Tanks Wasser nachfüllt.

Bei der WESTbahn ist es meist so, dass die Arbeit von demjenigen erledigt wird, der vor Ort ist. Beispielsweise müssen bei der WESTbahn die Lokführer selbst den Führerstand oder die Stirnscheiben reinigen und Wasser nachfüllen. Solche Kleinigkeiten führen dazu, dass weniger Personal benötigt wird und der Betrieb wirtschaftlicher ist.

Bei der WESTbahn wissen die Mitarbeiter: Wenn die Einnahmen fehlen, ist ihre Arbeit gefährdet. Bei den ÖBB erhalten die Mitarbeiter auch dann ihren Lohn, wenn es keine Arbeit für sie gibt. Laut Walter Kaiser sind bei den ÖBB derzeit sehr viele Lokführer unbeschäftigt, weil die Gütersparte – die Rail Cargo Austria – angeblich nicht mehr so viele Aufträge hat. Die sind deshalb so niedrig, weil die Rail Cargo Austria aufgrund der aufgeblähten Betriebsstruktur mit den privaten Güterverkehrsfirmen nicht konkurrieren kann.

Geld spielt keine Rolle

Der ehemalige ÖBB-Bedienstete Walter Kaiser kann an zwei kleinen Beispielen erklären, wie das System ÖBB funktionierte. An seinem Standort im Süden Österreichs sollte Anfang dieses Jahrtausends ein nicht genutzter, etwa dreißig Quadratmeter großer Raum im Bahnhofsgebäude zu einem Aufenthaltsraum für die Beschäftigten umgebaut werden. Es ging darum, eine Zwischenmauer aufzustellen, eine Fensteröffnung herauszuschlagen, einen neuen Boden zu legen und alles auszumalen. Für diese Arbeiten wurde bei der ÖBB-internen Bauabteilung ein Angebot eingeholt. Der Kostenvoranschlag lag bei etwa 450 000 Schilling. Walter Kaiser: »Ich hab gedacht, die spinnen!«

Er schickte das Angebot an die Zentrale nach Wien. Und weil er damals selber gerade ein Haus baute, legte er zum Vergleich eine Kostenaufstellung für seinen Rohbau bei. Die beiden Summen waren ungefähr gleich hoch.

Zum halben Preis

Das nächste Angebot der ÖBB-Bauabteilung war zwar um 100 000 Schilling billiger, aber immer noch ein Wucherpreis. Deshalb holte er bei einem ortsansässigen Handwerker einen Kostenvoranschlag ein. Und siehe da: Der Umbau kostete einen Bruchteil dessen, was die ÖBB-Bauabteilung forderte. Die ÖBB machten Kaiser jedoch einen Strich durch die Rechnung und entschieden, dass die ÖBB-Bauabteilung beauftragt werden müsse – egal, wie viel das kostet. Walter Kaiser gab sich immer noch nicht geschlagen und schlug vor, dass er selbst den Umbau durchführen werde – zum halben Preis der ÖBB-Bauabteilung. Auch das wurde abgelehnt.

Walter Kaiser vermutet, dass es den ÖBB einfach nur darum ging, intern irgendeine Förderung hin und her zu schieben, um so einen Bereich der ÖBB mit einem anderen zu subventionieren.

Prinzip Langsamkeit

Der Ex-ÖBBler Kaiser erzählt ein anschauliches zweites Beispiel: Eine Zeitlang war er Fahrdienstleiter eines größeren Bahnhofs in Westösterreich. Sein Dienstraum sollte neu ausgemalt werden. Der ÖBB-Maler kam um neun Uhr vormittags.

Als Erstes zog er sich langsam um und begann nach einer ausgiebigen Jause schließlich zu malen. Das dauerte ungefähr eine Stunde – bis zur Mittagszeit. Danach malte er wieder eine Stunde lang, zog sich um und fuhr weg. Er habe einen sehr weiten Weg nach Hause, erklärte er.

Insgesamt benötigte er vier Tage, bis der Raum ausgemalt war.

Walter Kaiser stellte ihn wegen der extremen Langsamkeit zur Rede und erhielt zur Antwort:»Ich weiß, dass ich bei den ÖBB ein lockeres Leben habe – aber das ist ganz in Ordnung. Es ist eben so!« In Kaisers Stimme schwingt unüberhörbar Empörung mit, als er davon erzählt und hinzufügt:»Das war einfach Tachinieren!«

Die Toilettenfrage

Ein ständiges Ärgernis bei den ÖBB sind verschmutzte oder nicht benutzbare Toiletten. Das kann ich aus eigener Erfahrung bezeugen. Am 4. Februar 2011 fuhr ich untertags in der ersten Klasse des Railjets von Wien nach Feldkirch. Kurz nach der verspäteten Abfahrt kam eine Durchsage:»Leider ist im gesamten Zug nur eine einzige Toilette benutzbar.« In Linz werde man das jedoch in Ordnung bringen. Kurz nach Linz hieß es dann,»das Toiletten-Problem konnte leider noch nicht gelöst werden«. Man werde sich jedoch in Salzburg darum kümmern. Inzwischen hatte sich vor der einzigen Toilette eine lange Schlange von Wartenden gebildet. Der Aufenthalt in Salzburg änderte allerdings nichts an der Situation. Ab diesem Zeitpunkt gab es auch keine Durchsagen mehr und keine Entschuldigungen. Erst am Zielbahnhof Feldkirch bot sich die Möglichkeit, eine funktionierende Toilette aufzusuchen.

Scheißhäusln putzen

Ein hochrangiger ÖBB-Manager mit Verantwortung für über tausend Mitarbeiter – nennen wir ihn für diese Geschichte Ulrich K. – wurde vor etwa sieben Jahren damit beauftragt, das Toiletten-Problem endgültig zu lösen. Eines Tages erhielt er einen Anruf seines Vorgesetzten, der erklärte:»Auftrag von oben! Du machst jetzt WC!« Ulrich K. fragte irritiert:»Was heißt das? Bin ich degradiert? Muss ich jetzt Scheißhäusln putzen?« – »Nein, Du musst dich um die Toiletten in den Reisezügen kümmern!«

Ulrich K. wurde darüber informiert, dass es um ein österreichweites Problem ging und die obersten Bosse die ÖBB-Werkstätten verdächtigten, an den zahlreichen Ausfällen schuld zu sein. Er sträubte sich, diese Aufgabe zu übernehmen, denn schließlich hatte er noch nie mit Toiletten zu tun gehabt – außer sie selber zu benutzen. Außerdem dachte er an das bevorstehende Maturatreffen seiner Klasse. Er würde gefragt werden, was er mache. Wahrheitsgemäß müsste er antworten:»Ich bin bei den ÖBB für die Scheißhäusln zuständig.« Na, das würde ein Lachkonzert geben.

Oberkümmerer K.

Aber alles Sträuben half nichts. Es war eine Anordnung von ganz oben. Und weil Ulrich K. ein sehr gründlicher Mensch war, ging er das Problem systematisch an. Er fasste seine Erhebungen schriftlich zusammen und überschrieb das Papier sarkastisch mit dem Titel»Oberkümmerer K.«. Woraufhin er eine Rüge erhielt:»Warum steht da nicht Projektleiter Ulrich K.?«

Jedenfalls hatte er herausgefunden, dass es kein technisches Problem gab, sondern ein menschliches. Fast immer ging es darum, dass die Spülwassertanks nicht mit Wasser nachgefüllt wurden. Oder dass die vollen Abwassertanks nicht entleert wurden. Das war aber kein Problem der Werkstätten, sondern der Arbeitsorganisation – niemand war dafür verantwortlich. Als Ulrich K. das Ergebnis seiner Untersuchung bei einer Besprechung hochrangiger ÖBB-Manager präsentierte, schenkte ihm außer seinem obersten Chef Stefan Wehinger niemand Glauben.

Nicht wesentlich verbessert

Wehinger war der Meinung, dass man das überprüfen müsse, und vereinbarte eine gemeinsame Begehung am Westbahnhof. Dort ließen sie sich von einem ÖBB-Bediensteten demonstrieren, wie die Entsorgung eines vollen Toilettentanks mit Hilfe einer Pumpe funktionierte. Im Winter, bei starkem Schneefall, gab es allerdings keine Möglichkeit, mit der Pumpe zum Waggon zu-

zufahren. In diesem Fall mussten die Züge mit vollem Abwassertank abfahren. Das war einer der wesentlichen Gründe, warum
viele Toiletten nicht benutzt werden konnten.

Wehinger ordnete die Anschaffung von neuen Entsorgungs-
anlagen an, die auch im Winter funktionierten. Die Toiletten-
Situation hat sich seither aber nicht wesentlich verbessert, weil
die organisatorischen Abläufe und Zuständigkeiten innerhalb der
ÖBB nur sehr schwer veränderbar sind und deshalb kaum verändert wurden. Laut Ulrich K. gibt es beim Einlaufen eines Zuges in
den Zielbahnhof zeitlich oft keine Möglichkeit, den betreffenden
Wagen in eine Werkstätte zu stellen. Und so kommt es eben, dass
nach wie vor viele unbenutzbare Toiletten unterwegs sind.

Elegant gelöst

Bei der Deutschen Bahn hat man dieses Problem längst gelöst:
Da werden in den Abstellgruppen defekte Toiletten sofort ausge-
tauscht. Dadurch muss nicht der ganze Waggon in die Werkstätte.
Die Österreicher haben so etwas bis jetzt noch nicht geschafft.

Die private WESTbahn GmbH hat das mit Hightech gelöst.
Da wurde bei jeder Toilette eine Kompostanlage installiert, um
die Fäkalien biologisch abzubauen. Am Ende bleibt reines Wasser übrig, das problemlos während der Fahrt abgelassen werden
kann. Das Entsorgungsintervall der Feststoffe beträgt mehrere
Wochen.

2. Auf einer Lok Richtung Süden

Im März 2013 bietet mir ein ÖBB-Insider an, auf dem Führerstand einer Lok mitzufahren – um zu zeigen, wie die ÖBB an ihren Kunden vorbei planen und investieren. Wir werden einen fahrplanmäßigen Regionalexpress (REX) benutzen, der von Wien bis nach Payerbach-Reichenau am Semmering und wieder retour fährt – eine Stunde hin, eineinhalb Stunden zurück.

Weil dieser Insider sich davor fürchtet, Schwierigkeiten mit den ÖBB zu bekommen, wird er für die folgende Geschichte nicht seinen richtigen Namen tragen, sondern Friedrich Z. heißen. Friedrich Z. erklärt mir, es sei schwierig gewesen, einen Lokführer zu finden, der uns mitfahren lässt. Denn die ÖBB seien bekannt dafür, interne Kritiker gnadenlos zu bekämpfen.

Der Lokführer wird uns an einem Werktag im April 2013 am Bahnhof Wien-Meidling während der Hauptverkehrszeit zusteigen lassen. Friedrich Z. und ich sind bereits eine Stunde früher am Bahnsteig, und weil wir noch genügend Zeit haben, macht er mich auf einige Details aufmerksam, die Reisenden normalerweise nicht ins Auge fallen. Es sind nur Kleinigkeiten, aber sie machen deutlich, dass Kunden bei den ÖBB oft nicht im Mittelpunkt der Aufmerksamkeit stehen.

Fit mach mit

Viele Lokführer haben die schlechte Angewohnheit, den Zug am Bahnsteig in unnötig weiter Entfernung vom Zu- und Abgang am Bahnsteig anzuhalten. Das sorgt vor allem bei Reisenden im Nah- und Regionalverkehr für Probleme. Denn diese haben im

Unterschied zu Fernverkehrsreisenden meist einen festen Zeitplan mit wenig Spielraum beim Ein- oder Umsteigen.

Dann folgt das, was Friedrich Z. spöttisch das »Fit-mach-mit-Programm der ÖBB« nennt: Wenn der Zug zehn, zwanzig, dreißig Meter entfernt vom Zu- oder Abgang des Bahnsteigs hält, geraten die Reisenden in Eile und rennen zur nächsten Waggontür. Dort staut es sich, Tür auf, Tür zu – und der Zug fährt verspätet ab.

Falsch angebrachte Lichtschranken

Manche Verspätungen werden auch durch schlechte technische Lösungen verursacht, die das Schließen der Waggontüren verhindern sollen, etwa durch Lichtschranken. Dummerweise sind sie bei den Doppelstockwagen so angebracht, dass dieser Mechanismus oft unnötig in Gang gesetzt wird – weil die Lichtschranke nicht im Türrahmen befestigt ist, sondern einige Zentimeter innerhalb des Waggons. Dazu kommt noch, dass durch Berühren von Tür-Haltestangen das Schließen ebenfalls verhindert wird.

Übrigens gab es bei den U-Bahnen in Wien ähnliche Probleme, die bereits vor dem Bau der ÖBB-Doppelstockwagen korrigiert wurden. Bei den ÖBB dauert so etwas länger.

Ein Zug nach dem anderen

Anhand der Fahrpläne zeigt mir Friedrich Z., wie stark frequentiert die vor uns liegende Strecke ist.

Beispielsweise fährt um 16 Uhr ein Regionalzug von Wien-Meidling ohne Zwischenhalt bis Wiener Neustadt.

Er erreicht sein Ziel um 16 Uhr 25. Die Fahrzeit beträgt also 25 Minuten.

Um 16 Uhr 03, also nur drei Minuten nach Abfahrt des Regionalzuges, fährt ein schneller Eurocity-Zug ebenfalls vom Bahnhof Wien-Meidling ohne Zwischenhalt nach Wiener Neustadt und erreicht sein Ziel um 16 Uhr 28 – also drei Minuten nach Ankunft des Regionalzuges.

Wir haben hier also zwei Züge, die innerhalb von nur drei Minuten dasselbe Ziel haben und dafür dieselbe Reisezeit benötigen: 25 Minuten.

Um 17, um 18 und um 19 Uhr geschieht Ähnliches:

Ein schneller Railjet fährt mit einem Abstand von drei Minuten vom Bahnhof Wien-Meidling nach Wiener Neustadt – und erreicht nach jeweils 25 Minuten den Zielort im Abstand von drei Minuten.

Warum fahren jeweils zwei schnelle Züge so knapp hintereinander dieselbe Strecke?

Die ÖBB erklären dazu, dass es sich dabei nicht um einen Planungsfehler handle, sondern das damit zu tun habe, dass zur Hauptverkehrszeit am Nachmittag viele Pendler von Wien nach Wiener Neustadt unterwegs sind und in diesem Abschnitt keine anderen schnellen Trassen zur Verfügung stehen. Dieser Fahrplan ermögliche es den Reisenden, alle Anschlusszüge zu erreichen.

Lok-Träume …

Der von Friedrich Z. und mir erwartete Regionalzug wird von einer sogenannten »Taurus«-Lok gezogen. Es ist genau dieselbe Lok, die auch für Railjets im Fernverkehr und für Güterzüge eingesetzt wird. Sie kann eine Geschwindigkeit von bis zu 230 km/h erreichen.

Verantwortlich für den Kauf dieser Loks war der von 1993 bis 2001 amtierende ÖBB-Generaldirektor Helmut Draxler. Seine Absicht war es, einen europaweiten Fuhrpark für Loks zu schaffen, bei dem er Vorsitzender werden wollte. Jedes Land sollte eine gewisse Anzahl von Lokomotiven zur Verfügung stellen. Motto:

Ein Generaldirektor spielt mit der Eisenbahn, koste es, was es wolle.

Deshalb bestellte Draxler für die ÖBB auf Teufel komm raus Lokomotiven der Marke Taurus, insgesamt 382. Die Herstellerfirma war – dreimal darf man raten – der Siemens-Konzern. Dieser Auftrag kostete die Republik insgesamt rund 1,2 Milliarden Euro. Die erste Taurus-Lok wurde im Jahr 2000 ausgeliefert, die letzte im Jahr 2008.

... und -Schäume

Blöderweise löste sich der europäische Lok-Traum von Helmut Draxler in Luft auf. Kein anderes Land wollte mitziehen, und die ÖBB blieben auf den vielen Loks sitzen. Was sollte man damit anfangen?

Einige wurden an ausländische Eisenbahn-Unternehmen verleast, und weitere 51 werden seit 2008 verwendet, um die schnellen österreichischen Railjet-Züge zu ziehen.

Railjet – ein teurer Luxus

Die Entwicklung des Railjets soll ein Notprogramm gewesen sein, um überzählige Taurus-Loks sinnvoll verwenden zu können. Dafür verantwortlich war der von 2004 bis 2008 bestellte ÖBB-Personenverkehrs-Chef Stefan Wehinger.

Allein schon der Name »Railjet« kam die ÖBB teuer zu stehen. Er wurde 2004 von einem ÖBB-Mitarbeiter im Rahmen eines »Workshops« erfunden, der vom PR-Berater Peter Hochegger moderiert wurde. Hochegger ließ den Namen sofort markenrechtlich schützen – zu seinen Gunsten. Als die ÖBB dies einige Monate später ebenfalls versuchten, mussten sie zur Kenntnis nehmen, dass der Workshop-Moderator schneller gewesen war.

Um sich den Namen »Railjet« trotzdem zu sichern, bezahlten die ÖBB schließlich zähneknirschend 180 000 Euro an Hochegger. In dieser Sache läuft ein Strafverfahren, dem sich die ÖBB als Privatbeteiligte anschlossen. Es gilt die Unschuldsvermutung.

Nutzen und Qualität

Über den Nutzen und die Qualität des Railjets gab es von Anfang an heftige Diskussionen. Bahnfans verpassten ihm den Spitznamen »Quäljet«.

Fahrgäste kritisierten vor allem den mangelnden Fahrkomfort: zu harte Sitze, zu geringe Sitzabstände, zu laute und zu häufige Lautsprecherdurchsagen, fehlende Sonnenrollos, keine Möglichkeit für Fahrrädertransporte, ungeeignet für Rollstuhlfahrer, Bistro- anstatt Restaurant-Betrieb, nicht funktionierende WLAN-Verbindungen.

Nach massiven Protesten wurde einiges verändert. So wurden zum Beispiel die Bistros zu Restaurants umgebaut und der Zugang für Rollstuhlfahrer verbessert.

Experten-Kritik

Bahnexperten kritisieren beim Railjet die Verbindung zwischen Taurus-Lok und Waggons, weil es dabei zu starken Luftverwirbelungen kommt. Außerdem haben die Taurus-Loks Schwierigkeiten, die Geschwindigkeit über 200 km/h hinaus auf 230 km/h zu steigern – sie benötigen dafür eine Strecke von fast sieben Kilometern. Nachteilig ist auch der enorm hohe Energieverbrauch. Laut ÖBB-internen Kalkulationen betragen allein die Stromkosten für die Strecke Wien – Salzburg pro Jahr mehrere Millionen Euro.

Besonders problematisch ist der Einsatz der Railjets auf der Südbahnstrecke über den Semmering. In engen Kurven kann nur mit 60 km/h oder noch langsamer gefahren werden, und die Züge ächzen und stöhnen, als ob sie gleich auseinanderbrechen würden.

Die Abnutzung der Gleise ist bei Bergstrecken besonders hoch. Laut ÖBB gilt das aber nicht nur für den Railjet, sondern auch für andere Züge. Tatsache ist jedenfalls, dass der Railjet bei unseren Nachbarn nicht mit offenen Armen empfangen wurde. In Italien darf er nicht verwendet werden, und in der Schweiz wird er nur auf einer einzigen Strecke geduldet – zwischen Buchs und Zürich.

ÖBB-Technik – fehlerhaft und veraltet

Unser Regionalexpress taucht pünktlich am vereinbarten Bahnsteig auf. Der Lokführer bringt ihn auf dem Bahnsteig so zum Stehen, dass Friedrich Z. anerkennend nickt. »So ist es richtig«, brummt er. Eine schwere Eisentür öffnet sich, ein lächelnder Mann begrüßt uns, und eine Handbewegung sagt: »Herauf!«

Wir klettern die steilen Stufen hoch und betreten einen fensterlosen Gang, in dem ein Höllenlärm herrscht und alles vibriert, Boden und Wände. Wir gehen nach vorne zum Führerstand, und erst als der Lokführer die Tür hinter uns schließt, wird der Lärm erträglich. Das also ist der Führerstand einer Taurus-Lok: zwei gepolsterte Sitze, viele Kabel, Hebel, Schalter und Monitore und eine große zweiteilige Stirnscheibe mit Blick auf den Bahnhof und die vor uns liegenden Gleise. Alles sieht gebraucht aus und wirkt schwer und klobig – ein deutlicher Unterschied zu den modern wirkenden Railjet-Waggons, die von genau solchen Loks gezogen werden.

Funktioniert leider nicht

Auf einem berührungsempfindlichen Bildschirm wird der elektronische Fahrplan angezeigt. Aber leider funktioniert das Weiterblättern nicht so richtig. Das sei ein generelles ÖBB-Problem, erklärt der Lokführer. Man überlasse es jedem einzelnen Lokführer, sich privat auf eigene Kosten eine Computer-Maus zu beschaffen. Die ÖBB erklären, das Notebook funktioniere einwandfrei. Falls nicht, werde sofort ein Ersatzgerät bereitgestellt.

Überhaupt, ergänzt der Lokführer, hinke die Ausstattung von ÖBB-Loks den technischen Möglichkeiten um Jahrzehnte hinterher. Beispielsweise gibt es immer noch kein zusammengefügtes

System von Streckenplänen und aktuellen Standortbestimmungen der Züge. GPS? Navigationsgeräte? – Das scheinen für die ÖBB Fremdwörter zu sein.

Aus dem vorigen Jahrhundert

Nach wie vor erteilen Fahrdienstleiter »Befehle« an Lokführer, die schriftlich per Botendienst an Bahnsteigen übergeben werden. Und nach wie vor gibt es in Österreich Eisenbahnlinien, deren Sicherheitstechnik teilweise noch aus dem vorvorigen Jahrhundert stammt. Etwa auf der Pottendorfer-Linie, die parallel zu der von uns benutzten Südbahnstrecke ebenfalls von Wien nach Wiener Neustadt verläuft.

Auf einigen neu gebauten Strecken wird seit kurzem das von der EU geförderte Sicherheitssystem ETCS Level 2 verwendet. In anderen europäischen Ländern scheint es zu funktionieren, in Österreich verursacht es noch häufig Betriebsstörungen. Anfang des Jahres 2013 konnte deshalb jeder fünfte Railjet nicht den neuen Wienerwaldtunnel benutzen, sondern musste auf der alten, langsameren Strecke fahren, mit fünfzehn Minuten Verspätung.

Die Selbstmörder-Strecke

Die Südbahn gilt bei den ÖBB als Selbstmörder-Strecke, erzählt der Lokführer. Vor einiger Zeit hat er selbst so ein Unglück erlebt. Wie aus dem Nichts wurde er von einem entsetzlichen Geräusch aufgeschreckt, direkt unterhalb seines Führerstandes. Er wusste sofort, was passiert war, betätigte die Notbremse und verständigte die Fahrdienstleitung. Dann lief alles so ab, wie er es in Schulungen gelernt hatte. Polizei und Rettung tauchten auf. Nein, er hat sich das nicht genau angesehen, er wollte das nicht! Allein schon das Geräusch und die Vorstellung dessen, was passiert ist, waren schrecklich.

Es dauerte einige Zeit, bis alles aufgeräumt war und er von einem Kollegen abgelöst wurde.

Schlangenlinie

Die Signale auf unserem Bahnsteig werden auf Grün gestellt, und wir fahren nun aus Wien hinaus in Richtung Süden. In der nächsten halben Stunde haben wir vor unseren Augen zwei Gleispaare, deren Abstand ständig wechselt, von vier Metern auf 4,70 und wieder zurück auf vier Meter. Es ist eine Schlangenlinie, hin und her und hin und her, ein Flickwerk von alt und neu. Immer wieder gibt es ein paar hundert Meter oder ein paar Kilometer mit verbreitertem Abstand zwischen den Gleispaaren.

Warum das? Friedrich Zs. Antwort ist ein zynisches Lachen. Dann erzählt er zwei ÖBB-Geschichten.

Der Subventions-Trick

Zunächst begann alles harmlos und unverdächtig. 1996 erließ die Europäische Kommission für den Bahnverkehr eine neue Richtlinie: Für den Bau von »Hochgeschwindigkeitsstrecken«, auf denen man mindestens 250 km/h fahren durfte, sollte es EU-Subventionen geben.

Die österreichischen Verkehrsfachleute und -politiker dachten sich: Her mit den Subventionen – aber nach unseren eigenen Regeln, egal, was die EU vorschreibt. Und tauschten zunächst den Begriff »Hochgeschwindigkeitsstrecken« gegen den etwas einfacheren Begriff »Hochleistungsstrecken« aus. Dann ersetzten sie noch die Zahl 250 durch 200.

Was zur Folge hatte, dass man in Österreich zunächst nur Strecken für maximal 200 km/h baute. Denn die nagelneuen Taurus-Loks der ÖBB, die den teuren Träumen des ehemaligen

Generaldirektors Helmut Draxler entstammten, konnten sowieso nicht 250 km/h fahren.

Der Trick fliegt auf

Die Aussicht auf EU-Geld sorgte in Österreich für einen kleinen Bau-Boom, und die ÖBB begannen, da und dort kleine Abschnitte von »Hochleistungsstrecken« zu bauen und Subventionen zu kassieren. Hier zwei Kilometer, da fünf Kilometer – ein übers ganze Land verstreutes Flickwerk, das den Eisenbahnverkehr aber nur wenig oder gar nicht beschleunigte. Das beste Beispiel dafür ist eben die Südbahnstrecke zwischen Wien und Wiener Neustadt, auf der wir uns gerade bewegten.

Irgendwann fiel den EU-Geldgebern ein, dass man vielleicht auch kontrollieren sollte, ob die subventionierten Österreicher sich an die Regeln halten. Worauf das Verkehrsministerium in Wien ein Schreiben aus Brüssel erhielt, das für Aufregung sorgte: Der Subventions-Trick würde auffliegen! Nun saß man in der Patsche und hatte zwei Möglichkeiten: Entweder zahlte man die kassierten EU-Subventionen wieder zurück, oder man rüstete die bereits gebauten »Hochleistungsstrecken« auf 250 km/h hoch. Im Verkehrsministerium fing man an zu rechnen und stellte fest, dass ein Hochrüsten günstiger wäre. Und so geschah es dann auch.

ÖBB-Tricks – ganz groß

Das war aber nur der erste Akt der ÖBB-Schlawinereien. Beim zweiten Akt ging und geht es um einen wesentlich größeren Brocken, und das Geld, das dabei verschwand und nach wie vor verschwindet, wird wohl nie zurückgezahlt werden. Hier spielte die EU nur eine bedeutungslose Nebenrolle. Hier ging und hier geht es nach wie vor um viel Geld aus dem österreichischen Steuertopf.

Kommen wir zunächst noch einmal auf die Richtlinien zurück, welche die Europäische Kommission für den Bau von Hochgeschwindigkeitsstrecken festlegte. Da ging es auch um den Abstand zwischen zwei Gleispaaren – in der Fachsprache als »Gleisabstand« bezeichnet:

– Bis 250 km/h sollte dieser mindestens vier Meter betragen,
– bis 300 km/h mindestens 4,20 Meter
– und über 300 km/h mindestens 4,50 Meter.

Österreich ist breiter

Da in Österreich die schnellsten Bahnstrecken für maximal 250 km/h gebaut werden und die schnellsten Züge hier sowieso nur 230 km/h fahren, würden also vier Meter genügen. Und selbst wenn die Bahnstrecken auf Jahrzehnte voraus geplant würden, wäre ein Gleisabstand von 4,50 Metern mehr als ausreichend.

In den ÖBB-Richtlinien für Hochleistungsstrecken vom Jahr 1989 beziehungsweise 2002 ist gesetzlich vorgeschrieben, dass der Gleisabstand nicht 4,50, sondern 4,70 Meter betragen soll. Warum diese Verbreiterung? Haben wir es hier vielleicht mit einem Fall von nationalem Größenwahn zu tun?

Die ÖBB erklären dazu, dass bei Strecken, auf denen sich »schnelle Personenzüge und schwere Güterzüge uneingeschränkt begegnen können«, 4,70 Meter Gleisabstand notwendig sind und sich in Deutschland bei hohen Geschwindigkeiten ausschließlich Personenzüge begegnen. Diese Behauptung ist falsch. In Deutschland gibt es bis zu einer Geschwindigkeit von 250 km/h keine derartigen Einschränkungen. Nur bei Geschwindigkeiten über 250 hm/h gilt die Einschränkung, dass sich Personen- und Güterzüge nicht in Tunneln begegnen dürfen, die länger als tausend Meter sind, sonst aber schon. 4,70 Meter sind in Deutschland nur für uneingeschränkten Mischverkehr bei

300 km/h vorgeschrieben. Übrigens verwenden die ÖBB einen Gleisabstand von 4,70 Metern auch für Strecken mit maximal 160 km/h.

Die teuersten zwanzig Zentimeter aller Zeiten

Jedenfalls kann man ganz nüchtern feststellen, dass der kleine Unterschied von zwanzig Zentimetern eine Verbreiterung von rund vier Prozent bedeutet – bei allen Tunneln, Strecken, Unterführungen und Brücken. Und dementsprechend eine Kostensteigerung um rund vier Prozent.

Rechnet man nun alle Kosten für Neubauten und Instandhaltung im Bereich der ÖBB-Infrastruktur zusammen, ergibt das für den Zeitraum 2005 bis 2050 eine geschätzte Summe von siebzig bis achtzig Milliarden Euro. Etwa die Hälfte davon, also geschätzte 35 bis vierzig Milliarden Euro, fließt in Strecken mit unnötig breiten Gleisabständen.

Vier Prozent davon sind 1,4 bis 1,6 Milliarden Euro! Das ist ganz schön viel Geld, wie der biedere Österreicher sagen würde. Wer profitiert davon? Baufirmen – wer sonst! Und natürlich Banken, weil der Staat dieses Geld ja nicht einfach aus der Portokasse bezahlt.

Ein 1,5-Milliarden-Geschenk

Langfristig handelt es sich beim »österreichischen« Gleisabstand also um ein Unterstützungszuckerl für die Bauindustrie und die Banken. Man kann das allerdings auch als Schlawinerei auf sehr hohem Niveau bezeichnen. Sieht niemand, merkt niemand und findet trotzdem statt.

Und macht deutlich, was bei der Verkehrsplanung und bei den ÖBB so alles läuft. Da stellt sich dann auch die Frage, ob vielleicht einige Millionen an Leute zurückgeflossen sind, die bei dieser Sache die Hand im Spiel hatten. Wer dafür verantwortlich ist oder war, könnte wohl nur von der Justiz geklärt werden. Eine nicht unbedeutende Rolle spielte vermutlich die im Jahr 1989 gegründete staatliche Hochleistungsstrecken AG, die 2005 in die ÖBB-Infrastruktur AG eingegliedert wurde.

Kritik am Gleisabstand

Vereinzelt gab es Bahn-Fachleute, denen der »österreichische« Gleisabstand doch sehr merkwürdig vorkam. Beispielsweise äußerten zwei Diplomingenieure der Universität Innsbruck beim »Österreichischen Tunneltag« in Salzburg im Jahr 2002 vorsichtige Kritik: »Von Seiten der österreichischen Bahnbetreiber sollte nochmals überprüft werden, ob der Gleisabstand nicht auf 4,50 Meter reduziert und damit eine erhebliche Reduktion der Baukosten erzielt werden kann.«

Dieser Appell verhallte ungehört. Und so wird ganz Österreich nach und nach mit Bahnstrecken bebaut, die breiter und teurer sind als notwendig.

Langsamer als notwendig

ÖBB-Insider Friedrich Z. lenkt meinen Blick wieder auf die Gleise vor uns: »Auf dieser Strecke darf man 160 km/h fahren, unser Zug aber höchstens 140 km/h.« Mit kleinen Verbesserungen und Umbauten, meint er, könnte man hier jedoch eine Geschwindigkeit von 200 km/h erreichen. Das würde die Fahrzeit von Wien nach Wiener Neustadt sehr rasch von 25 Minuten auf sechzehn oder siebzehn verkürzen.

Und warum, frage ich, geschieht das nicht?

Friedrich Zs. zynische Antwort: Da würden die Baufirmen zu wenig verdienen. Stattdessen stecke man Milliarden in fragwürdige Tunnelbauten. Zwar könne man damit die Fahrzeit ebenfalls verkürzen, aber das dauere halt zehn oder fünfzehn Jahre. Außerdem, fügt er hinzu, sei es immer schon eine Eigenheit der ÖBB gewesen, auf manchen Strecken langsamer als notwendig zu fahren.

Die ÖBB erklären dazu, der durchgehende Ausbau auf 160 km/h sei im Zielnetz 2025 vorgesehen.

Gleiswechsel

Der Grundsatz »langsamer als notwendig« gilt auch für einige Streckenteile zwischen Wiener Neustadt und Payerbach, die noch vor uns liegen. Beispielsweise werden wir in Neunkirchen einen Gleiswechsel vornehmen, von der rechten Spur auf die linke, und danach eine weitere Spur nach links und noch eine. Die ersten beiden Weichen sind so langgezogen, dass wir 100 km/h fahren könnten, aber die dritte ist so kurz und nur für 60 km/h zugelassen, dass wir vorzeitig abbremsen und im gesamten Abschnitt nur 60 km/h fahren dürfen.

Es gibt auf dieser Strecke mehrere Stellen dieser Art. Beispielsweise gleich nach Ternitz. Beim Bahnhof Pottschach gibt es eine andere, ebenfalls ohne erkennbaren Grund eingebaute Geschwindigkeitsbremse: zuerst ein kleiner Gleisschwenk nach rechts und dann wieder nach links. Warum? Die ÖBB erklären dazu, dass Gleiswechsel nur in Ausnahmefällen notwendig sind und deshalb keine höheren Geschwindigkeiten erfordern.

Europäischer Normen-Wirrwarr

Friedrich Z. glaubt, dass es noch viele Jahrzehnte dauern wird, bis wir europaweit einheitliche Normen für den Bahnverkehr haben. Die EU empfiehlt beispielsweise, Bahnsteige nicht länger als 400 Meter zu bauen. Österreich muss da aber gleich aus der Reihe tanzen und hat sich auf der Westbahn wegen der doppelten Railjetgarnitur auf 410 Meter festgelegt. Der Bahnhof St. Pölten hat eine Bahnsteiglänge von 440 Metern, Linz von 500 Metern, Innsbruck von 517 Metern, und so weiter. Sachliche Gründe gibt es dafür kaum. Wir wollen halt einfach anders sein, nach dem Motto: zum Teufel mit der EU und zum Teufel mit europaweit geltenden Normen.

Ein anderes Beispiel: In Österreich und Deutschland herrscht bei der Bahn Rechtsverkehr, in Italien Linksverkehr. Österreichische Züge müssen deshalb an der italienischen Grenze wechseln. So etwas kostet Unmengen von Geld, vor allem beim Bau von grenzüberschreitenden Tunneln wie am Brenner.

Der Kunde, kein König

Der Bahnhof Wiener Neustadt ist unser erster Halt. Unser Lokführer stoppt den Zug nicht an der Stelle, wo er laut Signal stehen bleiben soll, sondern 150 Meter davor – bei einer großen Gruppe von wartenden Passagieren. Das ist zwar kein Dienst nach Vorschrift, aber Dienst am Kunden – weil er ihnen einen unnötigen Fußweg erspart. Üblich sei das nicht, sagt Friedrich Z., viele Lokführer würden meist »vorschriftsmäßig« anhalten.

Bei der Ausfahrt aus dem Bahnhof macht mich Friedrich Z. darauf aufmerksam, dass wir hier nur mit 100 km/h fahren dürfen. Bis vor kurzem waren 120 km/h erlaubt. Warum diese Verlangsamung? Laut ÖBB wurde die Geschwindigkeit nicht herabgesetzt, um Instandhaltungskosten zu sparen, sondern aus technischen Gründen. Die Geschwindigkeit musste auf der Basis eines Gutachtens herabgesetzt werden.

Eine verrückte Geschäftspolitik! Einerseits verschleudert man Milliarden für fragwürdige Tunnelbauten, um Strecken zu beschleunigen, andererseits spart man winzige Beträge beim

Ausbau oder bei der Instandhaltung, indem man Strecken oder Streckenteile verlangsamt.

Wer bestimmt die Haltestellen?

Unsere nächste Station heißt St. Egyden. Warum halten wir bei dieser kleinen Gemeinde mit knapp 1900 Einwohnern? Und warum gibt es andererseits keinen Halt in Baden bei Wien mit mehr als 25 000 Einwohnern? Die ÖBB erklären dazu: weil es in St. Egyden nur zwei Zughalte in der Stunde gibt, in Baden aber fünf. Tatsächlich ist es jedoch so, dass die Badener über Wiener Neustadt hinaus exakt dieselben Möglichkeiten wie die St. Egydner haben: zwei!

Funkstille

Auf dem Führerstand der Lok ist ein Funkapparat, der den Kontakt zum Streckendisponenten herstellt – das ist ein ÖBB-Mitarbeiter, der ähnlich wie ein Fluglotse weit entfernt in einem Büro sitzt und die Züge überwacht und steuert.

»Unser« Funkapparat bleibt während der gesamten Fahrt stumm. Aber nicht deshalb, weil er auf »stumm« geschaltet ist, sondern weil es sich in Österreich eingebürgert hat, dass Disponenten nicht mit Lokführern reden – außer in Notfällen. Im Regelfall wird der Lokführer nur durch den Fahrplan seines Zuges und durch die Signale rot, gelb oder grün informiert.

Diese sehr eingeschränkte Form von Kommunikation verursacht laut Friedrich Z. viele unnötige Brems- und Beschleunigungsvorgänge und verbraucht daher viel Energie. Sie ist teuer und bewirkt außerdem, dass pro Stunde auf einer Strecke weniger Züge fahren können als bei besserer Disposition. Die Frage, warum es bei den ÖBB nur in Ausnahmefällen einen Funkverkehr zwischen Lokführer und Disponenten gibt, wurde von den ÖBB nicht beantwortet. Man verwies auf die Zusatzbestimmungen zur Betriebsvorschrift und auf nationale Normen.

Teure Konsequenzen

Das hat weitreichende und sehr teure Konsequenzen. Denn durch diese Art der Bahnverkehrs-Lenkung entstehen schnell »überlastete« Zugstrecken. Wie reagieren die ÖBB darauf? Indem man auf solchen Strecken weitere Gleise dazu baut. Aus zweigleisigen Strecken werden dreigleisige oder viergleisige. Das kostet viel Geld und nützt in erster Linie wieder den Lieblingskindern der ÖBB, den Planungsfirmen und Baukonzernen.

Bei der Deutschen Bahn, sagt Friedrich Z., sei man in dieser Hinsicht klüger. Dort geben die Disponenten dem Lokführer per Funk genaue Anweisungen. Beispielsweise ist es oft sinnvoller, rechtzeitig eine niedrigere Geschwindigkeit einzuhalten, anstatt immer wieder abzubremsen und dann schnell wieder zu beschleunigen.

Früher wurde auch in Österreich überlegter gefahren. Das hat sich jedoch laut Friedrich Z. in den letzten Jahren stark verändert. Die Disponenten seien nicht mehr so gut ausgebildet wie früher, und außerdem müssen sie heute viel mehr Züge betreuen – auf manchen Strecken bis zu vierzig gleichzeitig. Kein Mensch könne bei einer so großen Anzahl von Zügen trotz moderner Technik den Überblick behalten. Da sparen die ÖBB an der falschen Stelle, meint er.

Endstation

Kurz vor unserer Endstation Payerbach am Semmering wechseln wir wieder vom rechten auf das linke Gleis und schleichen mit 40 km/h in den Bahnhof. Hier steigen unsere letzten Passagiere aus – es sind nur wenige. Unser Zug wird hier einige Minuten warten und dann wieder nach Wien zurückfahren.

Friedrich Z., der Lokführer und ich gehen zum anderen Ende des Zuges. Dort ist im letzten Doppelstockwagen ein Führerstand eingebaut. Damit kann der Zug in die Gegenrichtung gesteuert werden, ohne dass die Lokomotive abgekuppelt und ans andere Ende des Zuges »verschoben« werden muss. Das spart viel Zeit, Energie und Personal.

Fahrgastzahlen

Bevor unsere Rückfahrt beginnt, zeigt mir Friedrich Z. die Luftfederung an den Doppelstockwagen unseres Zuges und erklärt mir, was die Schweizer Bahn von der österreichischen unterscheidet: Die Luftfederung ermöglicht es den Schweizern, ziemlich genau zu messen, wie viele Personen sich in jedem Waggon befinden. Mit Hilfe von elektronischen Aufzeichnungen erhält man damit exakte Zahlen, wie viele Reisende einen Zug benutzen, wie viele an welchen Stationen aussteigen und zusteigen.

Damit, so Friedrich Z., könne man auch genau erkennen, wie viele Personen nur den Nahverkehr benutzen, wie viele den Regionalverkehr und wie viele den Fernverkehr.

Derartige Zahlen seien wichtig, weil die Bahn einen großen Teil ihrer Einnahmen ja nicht durch den Verkauf von einzelnen Fahrkarten erwirtschaftet, sondern durch Zeitkarten mit politisch erzwungenen Ermäßigungen, durch Zuschüsse des Staates und der Bundesländer. Ohne genaue Zahlen beruhen diese Zuschüsse aber auf Schätzungen.

Die ÖBB erklären, dass sie ebenfalls automatische Fahrgastzählungen durchführt, aber mit Hilfe einer anderen Methode: Es würden täglich Zählungen in allen besetzten Zügen durchgeführt. Zusätzlich würden im Nahverkehr bei etwa dreißig Prozent aller Züge die Fahrgäste mittels Sensoren erfasst und hochgerechnet.

Aus wettbewerbsrechtlichen Gründen würde man solche unternehmensinternen Zahlen aber nicht veröffentlichen.

Viel Lärm für nichts

Friedrich Zs. Erklärungen werden durch einen plötzlich auftretenden Höllenlärm unterbrochen. Ein langer Güterzug mit Containern fährt durch den Bahnhof Payerbach-Reichenau Richtung Wien. Warum sind Güterzüge so laut? Friedrich Zs. Antwort:»Viele Güterwaggons gehören privaten Firmen, die möglichst billig wirtschaften wollen. Also wird uraltes, längst abgeschriebenes Transportmaterial verwendet, mit nicht nachprofilierten Laufflächen und scheppernden Bremsen.«

Einmal zugelassene Fahrzeuge, erklärt er, würden nur im Stillstand auf ihre betriebliche Tauglichkeit untersucht, wobei sogar die vorgeschriebenen Kontrollfristen überzogen werden können. Der Lärm kann aber nur während der Fahrt gemessen werden und ist von Geschwindigkeit und Beladungszustand abhängig. Die dafür eingerichteten Messstellen arbeiten seit Jahren nur im »Probebetrieb«. Die durch finanzielle Anreize unterstützte Umrüstung auf lärmarme Bremssohlen hatte bisher nur begrenzte Auswirkungen. Das gilt auch für die Gütersparte der ÖBB, die noch in mehr als 75 Prozent aller Fälle alte Wagen verwendet, die große Lärmmaschinen sind. Das gilt aber noch mehr für die Güterwagen der ehemaligen Oststaaten.

Lärmschutz

Das Prinzip im Güterverkehr ist: Der Gewinn wird privatisiert, und der Lärm ist Sache der Öffentlichkeit. Die im Personenverkehr eingesetzten Züge wurden schon längst auf lärmarme Scheibenbremsen umgestellt. Für den Güterverkehr werden nach wie vor meist lärmende Backenbremsen aus Gusseisen verwendet.

Die technischen Vorschriften der EU für den Güterverkehr auf der Bahn stammen aus dem Jahr 1996 und sind hoffnungslos veraltet. Es wäre ohne weiteres möglich, den Lärm dramatisch zu verringern, wenn man für Gütertransporte lärmarme Klotzbremsen mit Kunststoffsohlen vorschreiben würde. Aber offenbar wagt es kein Politiker, sich mit der mächtigen Güterverkehrslobby anzulegen.

Anstatt die Entstehung von Lärm zu verhindern, begnügt sich die Politik damit, den Lärm ein wenig zu dämpfen. Das Ergebnis ist in ganz Österreich deutlich sichtbar: Immer mehr Bahnstrecken werden mit hohen Sicherheitsauflagen untertunnelt. Das verursacht ungeheure Kosten – die den Steuerzahlern aufgebürdet werden. Die Profiteure dieser Politik sind Güterverkehrsfirmen und Baukonzerne.

Auf der Rückfahrt

Obwohl unser Lokführer sich strikt an die Geschwindigkeitsbeschränkung von 140 km/h hält, sind wir vor Baden bei Wien viel zu schnell unterwegs und erreichen deshalb den Bahnhof zu früh. Das bedeutet, dass wir hier einige Minuten länger als geplant anhalten. »Das ist bei vielen Zügen so«, sagt Friedrich Z. und erklärt, warum.

Die Schmähs mit der Pünktlichkeit

Die ÖBB schließen sowohl mit dem Bund als auch mit den Bundesländern Verträge, in denen für alle Reisezüge bestimmte Fahrzeiten, ein bestimmter Grad von Pünktlichkeit und anderes vorgeschrieben werden. Dafür erhalten sie Zuschüsse. Im Jahr 2012 waren das insgesamt rund 940 Millionen Euro.

Zur Erfüllung der »Pünktlichkeit« werden die Fahrzeiten von

vornherein so großzügig festgelegt, dass die ÖBB selbst bei Verzögerungen und technischen Schwierigkeiten vertragstreu bleiben und keine Strafen zahlen müssen. Erst dann, wenn fünf Prozent aller Züge »verspätet« sind, werden Strafen fällig.

Eigenlob stinkt

In der Bilanz-Pressekonferenz für das Jahr 2012 verkündete Generaldirektor Christian Kern im April 2013 »konstant hohe Pünktlichkeitswerte von rund 97 Prozent«. Auch im Geschäftsbericht 2012 der ÖBB-Holding AG wird diese Zahl angeführt. Leider ist das nur die halbe Wahrheit. Denn in der online abrufbaren Pünktlichkeitsstatistik der ÖBB liest man auch, dass im Fernverkehr – also beispielsweise bei Zügen zwischen Wien und Salzburg oder Salzburg und Innsbruck – nur 86,2 Prozent aller Züge pünktlich sind. Das ist eine nicht ganz unwesentliche Information, aber Bilanzen sind halt dazu da, um schöne Zahlen zu präsentieren.

Schöne Zahlen

Pünktlichkeit ist bei den ÖBB eine dehnbare Angelegenheit. Offiziell heißt es, dass Züge mit Verspätungen von bis zu fünf Minuten noch als pünktlich gelten. In Wirklichkeit ist es jedoch so, dass eine Verspätung erst nach 5:29 Minuten als Verspätung gewertet wird. Das ist zwar nur ein Unterschied von einer halben Minute, aber es zeigt, wie schlawinerisch die ÖBB mit dieser Statistik umgehen. Zum Vergleich: Bei den schweizerischen Eisenbahnen gilt bereits eine Überschreitung von drei Minuten als Verspätung im gesamten Lauf. Bei den ÖBB hingegen werden nur Ausgangs- und Endbahnhof bewertet.

Ausgefallene Züge fallen aus der Statistik

Züge, die komplett ausfallen, werden von den ÖBB überhaupt nicht in die Statistik aufgenommen. Laut Fachzeitschrift *Eisenbahn aktuell* gelten bei den ÖBB Züge mit mehr als zwanzig Minuten Verspätung als »ausgefallen« und werden ebenfalls nicht in die Statistik aufgenommen. Die ÖBB bestreiten das allerdings. Sie weisen darauf hin, dass täglich nur 0,34 beziehungsweise 0,50 Prozent aller Züge ausfallen und deshalb für die Statistik sowieso nicht von Bedeutung seien.

Die Fahrzeitreserve

Die wichtigste Methode, um hohe Pünktlichkeitswerte zu erreichen, sind sogenannte »Fahrzeitreserven«, die bei der Erstellung von Fahrplänen berücksichtigt werden. Fahrzeitreserven sind dazu da, um unvorhergesehene Ereignisse, die zu langsamerem Fahren oder ungeplanten Zwischenstopps zwingen, aufzufangen und trotzdem noch pünktlich anzukommen. Normalerweise sind das etwa sieben Prozent, die bei allen Fahrzeiten aufgeschlagen werden.

Ein Beispiel: Laut Fahrplan benötigt der Railjet für die Strecke von Wien nach Salzburg zwei Stunden und 22 Minuten. Sieben Prozent Fahrzeitreserve bedeutet, dass er für diese Strecke normalerweise zehn Minuten weniger brauchen würde – also nur zwei Stunden und zwölf Minuten. Für länger dauernde Bauarbeiten werden zusätzlich noch entsprechende Fahrzeitzuschläge eingearbeitet. Für kleinere Baustellen oder andere Hindernisse, die den Railjet verlangsamen, kann er im Verlauf der Fahrt die im Fahrplan bereits berücksichtigte Fahrzeitreserve aufbrauchen und kommt deshalb pünktlich in Salzburg an.

Zählt man beides zusammen – die Fahrzeitreserve von zehn Minuten und die Toleranz von fünfeinhalb Minuten, um die sich der Zug verspäten darf, bis er als verspätet gilt –, dann sind es also insgesamt 15,5 Minuten, die der Railjet zwischen Wien und Salzburg verbummeln darf, bis er offiziell als »verspätet« gewertet wird.

Ein eleganter ÖBB-Trick

Zur weiteren Verschönerung der Pünktlichkeitsstatistik verwenden die ÖBB noch einen besonders eleganten Trick. Dabei werden gängige Fahrzeiten für Strecken, auf denen es zeitweise sehr häufig zu Verspätungen kommt, einfach um einige Minuten verlängert und in den neuen Fahrplänen festgeschrieben. Die Züge brauchen dann halt einfach länger als früher. So werden aus Zügen, die ständig Verspätung haben, pünktliche Züge.

Ein Beispiel für diese Methode: Für den Railjet wurde die Fahrzeit von Wien nach Salzburg zeitweise – von 2011 bis Ende 2012 – um neun Minuten verlängert. Seit Ende 2012 ist dieser Zug jedoch bedeutend schneller geworden.

Meine ganz private Pünktlichkeitsstatistik

Meine eigene Statistik sieht wesentlich schlechter aus als die offiziell von den ÖBB verkündete. Zwischen Dezember 2012 und April 2013 waren zwei Bahnreisen von Wien nach Venedig und retour sowie eine Reise von Wien nach Dornbirn und retour pünktlich. Bei fünf weiteren Reisen gab es jedoch Probleme mit der Pünktlichkeit. Meine Statistik: Bei sechs von dreizehn Bahnfahrten gab es Verspätungen von mindestens sechs Minuten. Das entspricht einer Pünktlichkeit von 54 Prozent – weit entfernt von der offiziellen ÖBB-Statistik.

3. Tunnelwahn

Verkehrspolitik im Tunnelwahn – mit diesen Worten kann man die Planungen für die österreichische Eisenbahn zusammenfassen. In den kommenden Jahren sollen Milliarden am Brenner, am Semmering und auf der Koralm verbaut werden, obwohl fast alle Argumente dagegen sprechen. Noch dazu in einer angespannten staatlichen Budgetsituation, in der der Schuldenstand immer höher wird und unseren Haushalt auf Jahrzehnte hinaus belastet.

Der Brenner-Basistunnel

Warum wird der Brenner-Basistunnel gebaut? Lassen wir dazu den Betreiber des Projekts, die Brenner-Basistunnel Gesellschaft (BBT), selbst zu Wort kommen: »Der Brenner-Basistunnel ist das Kernstück der 2200 Kilometer langen, von der Europäischen Union als vorrangig eingestuften Eisenbahnachse Berlin – Palermo. Sollen nicht nur die ebenen Gebiete, sondern auch die Alpen mit einer Hochgeschwindigkeitsbahn durchquerbar sein, ist ein Basistunnel die einzige Lösung.« Kurz gesagt: Die EU will es so.

Und die nationale Politik erklärt: Wir brauchen den Tunnel, um die Bevölkerung vom Verkehr zu entlasten. Schiene statt Straße, heißt das vordergründige Argument.

Transitverkehr um jeden Preis
Bei den Projekten der EU geht es immer um den Transitverkehr von einem Land zum anderen. Das ist aber genau jener Verkehr, der in Österreich nur zusätzliche Kosten verursacht und am meis-

ten Schaden anrichtet. Denn was haben wir davon, wenn nordeuropäische Warenströme möglichst billig und hoch subventioniert nach Italien oder in die umgekehrte Richtung fließen? Im Großen und Ganzen nur Nachteile.

Jedenfalls findet man für Geld immer Wissenschaftler, die bereit sind, erwünschte Ergebnisse zu liefern. Da heißt es dann: Diesen Tunnel oder diese Hochgeschwindigkeitsstrecke brauchen wir, sonst bricht der Verkehr zusammen.

Wer den Transitverkehr fördert, setzt folgende Spirale in Gang:

1. Wir ziehen Verkehr an, der für uns keinen Nutzen hat.

2. Wir können trotz EU-Subvention die Kosten für den Bau der Strecke nicht so ohne weiteres bezahlen und müssen dafür Kredite aufnehmen.

3. Wir müssen die vorhandene Streckenkapazität mit dem Transitverkehr teilen und bereits bei geringer Zunahme des Binnenverkehrs Einschränkungen in Kauf nehmen oder mit teuren Ausbaumaßnahmen beginnen.

4. Die Schienenmaut ist meist so niedrig, dass weder die Betriebskosten noch die Instandhaltungskosten voll gedeckt werden. Deshalb muss der Staat regelmäßig Geld zuschießen. Das steht so in § 42 des österreichischen Bundesbahngesetzes. Würde die Schienenmaut die tatsächlichen Kosten abdecken, würde der Transitverkehr auf die Straße ausweichen.

5. Mehr Verkehr durch Transit bedeutet mehr Lärm und mehr Umweltbelastung. Irgendwann schreit die Bevölkerung um Hilfe. Dann werden Lärmschutzwände gebaut. Da zahlt der Bund die eine Hälfte, das Bundesland und die betroffene Gemeinde die andere Hälfte.

Wem nützt es?

Die gewiss nicht wirtschaftsfeindliche deutsche Tageszeitung *Frankfurter Allgemeine Zeitung* schrieb 2007 über den Brenner-Basistunnel: »Dass so vehement am bestehenden Konzept festgehalten wird, hängt auch mit dem großen finanziellen Nutzen für eine Vielzahl von Unternehmen zusammen. Die Planungsgesellschaft beschäftigt inzwischen vier Dutzend Mitarbeiter, deren Interesse es zweifellos ist, ihre Zukunft als Bau- und Betriebsgesellschaft zu sichern. Nicht von der Hand zu weisen ist ebenso, dass die Bauwirtschaft in Österreich und Italien große finanzielle Anreize in diesem riskanten Mammutprojekt sieht.«

Wer sich durch die Berge von Daten und Argumenten wühlt, die sowohl Befürworter als auch Gegner zusammengetragen haben, kommt am Ende zu dem Schluss, dass sich die Verkehrssituation durch den Brenner-Basistunnel und ähnliche Projekte kaum verbessern wird.

Der Brenner-Basistunnel

Ältere Eisenbahner, die am Brenner tätig waren, erzählen, dass der Basistunnel bereits in den 1960er Jahren durch Tiroler Gehirne geisterte. Wenn es darum ging, die etwas vernachlässigte Strecke besser instand zu halten, hieß es höhnisch:»Brauch ma net, kummt eh der Basistunnel!« Wer auf bedrohlich wackelnde Weichen aufmerksam machte, erhielt zur Antwort: »Machen wir nimmer, kommt eh der Basistunnel.«

Nun soll er tatsächlich kommen. Er wird eine Länge von 55 Kilometern haben, mit zwei eingleisigen Tunnelröhren und unterirdischen Bahnhöfen. Da in Italien auf der Bahn links gefahren wird, in Österreich aber rechts, müssen die Züge unterirdisch das Gleis wechseln. Vorgesehen ist ein Mischverkehr mit schnellen Personenzügen und langsamen Güterzügen. Die alte Brennerstrecke soll auch nach Fertigstellung des Tunnels für den Regional- und Güterverkehr benutzt werden.

Damit wird der Personenfernverkehr über eine Strecke von 200 Kilometern von Kufstein bis Verona unter die Erde verbannt, während die Güter oberhalb fahren dürfen. Fraglich ist, ob die Reisenden eine so unattraktive Strecke überhaupt benutzen wollen. Wurde der Tunnel von Leuten geplant, die nicht gerne mit der Eisenbahn fahren?

2016 soll mit dem Bau der Hauptstollen begonnen werden, 2025 soll der
Tunnel fertig sein, und ab 2026 sollen Züge fahren.

Falsche Zahlen

Was auffällt: Von Anfang an argumentierten die Befürworter mit
Zahlen, die dazu dienten, der Öffentlichkeit Sand in die Augen zu
streuen. Es gab falsche Zahlen über die Kosten, den Verkehrsbe-
darf, die Dauer der Bautätigkeit und den Zeitpunkt der Eröffnung.
Das ist der rote Faden, der sich durch fast alle österreichischen
Tunnelprojekte zieht.

Und wenn irgendwann die Bautätigkeit tatsächlich in Gang
kommt, ist das Projekt meist nicht mehr zu stoppen – auch dann
nicht, wenn sich herausstellt, dass die Zahlen von Anfang an
falsch waren. Dann heißt es: Jetzt haben wir schon so viel Geld
verbaut, jetzt wäre es verrückt, wieder aufzuhören.

Was ebenfalls auffällt: Wenn es um Tunnelbauten geht,
scheinen alle Beteiligten Wert darauf zu legen, möglichst viele
Milliarden auszugeben. Das Standardargument lautet: Das ist
eine hervorragende Investition in die Zukunft.

Wenn es hingegen um die Finanzierung von Schulen, Kinder-
gärten, Universitäten und die Forschung geht oder um die Erneuerung veralteter Spitäler, fängt die Politik an zu knausern und um
ein paar Millionen zu streiten.

Die Wunderformel

Man braucht lange, um herauszufinden, wie es möglich ist, dass
vernünftige Menschen wie Bauingenieure und Verkehrspolitiker
dem Tunnelwahn verfallen. Vielleicht hat es mit einer Formel zu
tun, die in der zweisprachigen Projekt-Präsentation der Betrei-
berfirma BBT (Brenner-Basistunnel) enthalten ist. Sie trägt keine
Jahresangabe, stammt aber vermutlich aus dem Jahr 2004.

$$\sum t_i = \frac{SC_i \, SP_i \pm E_i}{(1 + r) \, i}$$

Geheimnisvolle Zeichen

Welchen Sinn verkörpert diese Formel? Einiges wird in der Projekt-Präsentation erläutert, anderes bleibt im Dunkeln. Jedenfalls geht es dabei um den Nutzen des Tunnels für die Bevölkerung. Bei schlichten Gemütern erweckt die Formel den Anschein von Wissenschaftlichkeit und Genauigkeit. Ist t wohl eine Abkürzung und steht vielleicht für Tirol oder Temperatur oder Zeit, i für Innsbruck oder Italien oder die Zahl eins? Rückfragen blieben unbeantwortet.

- SC ist ein Code für den »Mehrgewinn des Benutzers«.
- SP ist ein Code für den »Mehrgewinn des Herstellers«.
- E ist ein nicht näher erläuterter »externer Faktor«.
- r drückt den »sozialen Diskontsatz« aus – was auch immer damit gemeint ist.

Jedenfalls ermittelte die BBT mit Hilfe dieser Formel den »sozialen Mehrwert« des Tunnels, wobei sich – Hokuspokus – bei einem »sozialen Diskontsatz von null Prozent« ein »sozialer Mehrwert« von 11 388 Millionen Euro ergibt. Alles klar?

Vergleicht man diesen Betrag nun mit den »geschätzten wirtschaftlichen Kosten der Investition« – 2589 Millionen Euro –, die sich dadurch ergeben, dass »die Komponente Verlagerung« von den finanziellen Kosten abgezogen wird, dann – Hurra! – haben wir das gewünschte Ergebnis – den »aktuellen wirtschaftlichen Nettowert« (= VANE) in der Höhe von 8530 Millionen Euro. Oder anders und ganz simpel mit den Worten der BBT ausgedrückt: »Die Realisierung des Projekts steigert das Wohlbefinden der Bevölkerung!«

Reelle Werte mit Diskontfaktoren

Offenbar fiel die Entscheidung zum Bau des Brenner-Basistunnels auf der Basis derartiger Hokuspokus-Berechnungen. Kein Wunder, dass uns BBT-Lobbyisten und Verkehrspolitiker jedes Jahr neue Zahlen und Fakten auftischten.

Und uns weismachten, es handle sich um »reelle Werte mit

Diskontfaktoren, die sich auf reelle Zinssätze« stützen. So lautet, ganz ohne Ironie, eine Erläuterung zur Formel vom »sozialen Mehrwert«.

Chronik der Kostenexplosion

Von Anfang an waren sich Österreicher und Italiener darüber einig, dass man sich die Kosten für den Brenner-Basistunnel teilen würde. 2002 gab es im Generalverkehrsplan eine erste Schätzung. Der österreichische Anteil sollte 1,45 Milliarden Euro kosten. Daraus konnte man auf Gesamtkosten von 2,9 Milliarden schließen. 2004, im österreichisch-italienischen Staatsvertrag, waren es dann schon vier Milliarden. 2005 nannte der österreichische Verkehrsminister Hubert Gorbach eine Summe von sechs Milliarden und brachte erstmals auch die Finanzierungskosten ins Spiel – weitere drei Milliarden Euro. Denn das Geld für den Tunnelbau lag ja nicht auf dem Sparbuch, sondern musste zur Freude der Banken als Kredit aufgebracht werden.

Im Juni 2006 versicherte einer der vehementesten Lobbyisten des Tunnels, der ehemalige BBT-Chef und Tiroler Verkehrslandesrat Hans Lindenberger: »Die Kosten des Brenner-Basistunnels – 4,5 bis fünf Milliarden Euro – halten.« Offenbar hatte er übersehen, dass Kollege Gorbach ein Jahr zuvor bereits eine höhere Summe genannt hatte.

2007 erklärte Hubert Rauch, Bürgermeister in Steinach am Brenner und Präsident des Tiroler Gemeindeverbandes, der Tunnel werde nur sechs Milliarden kosten. Werner Faymann, damals Verkehrsminister und heute Bundeskanzler, bestätigte diese Zahl.

Drei Jahre später, Anfang 2010, bezifferte die Europäische Kommission die Gesamtkosten mit 7,46 Milliarden Euro. Ab diesem Zeitpunkt gingen die Prognosen auseinander oder besser gesagt durcheinander, und jeder nannte je nach Interessenlage eine andere Zahl. Der nunmehrige BBT-Chef Konrad Bergmeister verkündete 2010, der Tunnel werde 9,7 Milliarden Euro kosten. Das österreichische Verkehrsministerium wiederum kalkulierte mit acht Milliarden Euro – ohne Finanzierungskosten.

Wir bauen, Sie zahlen

Im Mai 2010 stellte Verkehrsministerin Doris Bures wegen der angespannten österreichischen Budgetsituation die Finanzierbarkeit des Tunnels generell in Frage. Worauf BBT-Chef Konrad Bergmeister sofort Einsparungsmöglichkeiten in der Höhe von 800 Millionen Euro auf den Tisch legte. Daran sieht man, wie großspurig solche Projekte von Anfang an geplant werden – nach dem Motto:»Wir bauen, Sie zahlen!« Und dass es problemlos möglich ist, alles zu verkleinern.

Im Mai 2013 konnte man auf der Homepage der BBT lesen, dass die Kosten mit 8,585 Milliarden kalkuliert werden und dass die EU 27 Prozent Subvention beisteuern wird. Auf derselben Homepage wurde dann jedoch ein Betrag genannt, der einem EU-Anteil von 33,4 Prozent entspricht. In Euro umgerechnet besteht zwischen diesen beiden Prozentsätzen immerhin ein Unterschied von 540 Millionen Euro. Aber bei diesem Projekt spielen Zahlen sowieso keine große Rolle.

So oder so, am Ende wird der Brenner-Basistunnel wohl sehr viel mehr als zehn Milliarden Euro verschlingen, wobei die Österreicher hoffen, dass die EU vierzig Prozent der Kosten übernimmt und sich Österreich und Italien die restlichen Kosten teilen. Ob allerdings die EU und Italien das bezahlen können, ist angesichts der momentanen Wirtschaftslage und Budgetprobleme fraglich.

Ursprünglich rechnete die Tunnelbetreiberfirma BBT auch mit einer Beteiligung privater Investoren. Davon ist schon lange keine Rede mehr, denn kein Privater steckt Geld in ein Projekt, bei dem nur Schulden und immer neue Schulden zu erwarten sind.

Phantasieverkehr

Ähnlich phantasievoll wie die Kostenschätzungen waren auch die Voraussagen für den zu erwartenden Verkehr am Brenner. Sie basieren auf Studien der schweizerischen Beratungsfirmen Prognos und Progtrans und bilden die Grundlage für Baugenehmigungen und Finanzierungen des Tunnels.

Mehr oder weniger Züge

In der ersten Studie wurde angenommen, dass die Zahl der Fernzüge über den Brenner von 2003 bis 2010 von sechzehn auf 46 steigen wird. Da wir nun schon das Jahr 2013 schreiben, können wir überprüfen, wie realistisch diese Aussage war. Laut ÖBB-Fahrplan fuhren Anfang 2013 auf der Strecke München – Brenner – Mailand insgesamt nur dreizehn Schnellzüge. Das sind also um drei weniger als die sechzehn, die im Jahr 2003 fuhren. Folglich haben wir es beim Fernverkehr über den Brenner nicht mit einer Zunahme von 290 Prozent, sondern einem Rückgang um zwanzig Prozent zu tun.

Offenbar nehmen Reisende, die von München aus mit der Bahn nach Mailand fahren, lieber den Umweg über die Schweiz (neun Züge) als über den Brenner (sieben Züge), oder sie benützen das Flugzeug. Und das, obwohl seit Anfang dieses Jahres eine schnelle neue Bahnstrecke im Tiroler Unterinntal eröffnet wurde und die Fahrt über die Schweiz eine Stunde länger dauert.

Diese Zahlen zeigen jedenfalls, dass die Prognosen der Tunnel-Betreiber ungefähr so ernst zu nehmen sind wie die von Meinungsforschern vor Wahlen.

Wie viele Reisende?

Ein ähnliches Bild ergibt sich, wenn man sich die vorausgesagte Steigerung der Zahl der Reisenden ansieht: von 2,8 Millionen im Jahr 2003 auf 5,2 Millionen im Jahr 2015 – eine Erhöhung um 86 Prozent!

Laut einer Meldung der Nachrichtenagentur APA, die sich auf

Angaben der ÖBB und der DB stützte, überqueren in den ersten zwei Monaten des Jahres 2010 täglich rund 2000 Passagiere den Brennerpass. Hochgerechnet auf das ganze Jahr wären das 730 000 Passagiere. Da fragt man sich: Wo bleiben die Millionen?

Offenbar wollen die Betreiber des Brenner-Basistunnels einfach nicht zur Kenntnis nehmen, dass die meisten Reisenden auf der Strecke von München nach Mailand das Flugzeug benutzen. Inklusive aller Warte- und Anreisezeiten dauert der Flug etwa vier Stunden, die Bahnreise aber mehr als sieben Stunden. Und selbst wenn es irgendwann möglich wäre, mit 250 km/h durch den Brenner-Basistunnel und weitere Tunnelstrecken zu fahren – die Fahrt wird immer noch sechs Stunden dauern. Da kann die Bahn gegenüber dem Flugzeug einfach nicht mithalten.

Und wer lediglich eine Teilstrecke benutzt, etwa von Innsbruck nach Bozen oder Verona, bevorzugt den PKW als Verkehrsmittel.

Güterverkehr

Auch die vorausgesagten Wachstumsraten für den Güterverkehr auf der Schiene stellten sich als falsch heraus. Sie sind nur etwa halb so hoch wie angenommen, und die Kapazität der derzeitigen Bahnstrecke über den Brenner ist »noch mindestens bis zum Jahr 2025 ausreichend«, schreibt der Verkehrsfachmann Professor Sebastian Kummer von der Wirtschaftsuniversität Wien. Und fügt hinzu: Selbst bei einer sehr schienenfreundlichen Politik und Preisgestaltung könne man das derzeitige Niveau an LKW-Fahrten durch den Tunnelbau nicht vermindern.

Von einer Überlastung der bestehenden Strecke kann jedenfalls keine Rede sein.

Chronologie des Brenner-Basistunnels

1971: ÖBB, DB und italienische Staatsbahnen beschließen die Aus-
       arbeitung einer Studie über den BBT.

1977: Die Tiroler Landesregierung gibt ein Vorprojekt in Auftrag.

1995: Die Brenner Eisenbahn GmbH wird gegründet.

2001: Die Europäische Kommission beschließt die Aufnahme des Brenner-
       Basistunnels als Teil einer wichtigen Verkehrsachse (TEN).

2004: Staatsvertrag zwischen Österreich und Italien über den Bau des
       Brenner-Basistunnels und Gründung der Betreibergesellschaft BBT.

2007: Beginn der Bauarbeiten für den Erkundungsstollen.

2008: Das Europäische Parlament entscheidet sich, den Brenner-Basis-
       tunnel mitzufinanzieren.

2011: Die österreichische Bundesregierung beschließt die Finanzierung
       des Brenner-Basistunnels.

Fertigstellung

2004 erklärte der Tiroler Landeshauptmann Herwig van Staa, dass »der Brenner-Basistunnel spätestens 2015 in Betrieb genommen werden soll«.

Tatsache ist, dass heute, im Jahr 2013, noch nicht einmal mit der Bohrung eines Haupttunnels begonnen wurde. Das sollte man jedoch als Glücksfall auffassen. Denn, wer weiß, vielleicht haben wir nach der Nationalratswahl im September 2013 einen neuen Verkehrsminister, der den Tunnelbau doch noch stoppt. Schließlich haben wir in Österreich ja auch ein Atomkraftwerk, das gebaut wurde und nie in Betrieb ging.

Bereits 2011 gab es die Chance, dass das Projekt eingestellt wird. Die ÖBB nannte den Brenner-Basistunnel ein »unzumutbares Risiko«, und die SPÖ forderte angesichts der knappen Haushaltskasse eine Verschiebung des Baubeginns. Finanzminister Josef Pröll (ÖVP) lehnte dies jedoch ab. Aus heutiger Sicht soll der Tunnel im Jahr 2025 fertiggestellt werden.

Zulaufstrecken

Ein Tunnel allein löst meist noch keine Verkehrsprobleme. Es geht immer auch um die Zulaufstrecken davor und danach. Beim Brenner-Basistunnel sind es Eisenbahnlinien in Deutschland, Österreich und Italien. Schließlich geht es bei diesem Projekt ja nicht um den lokalen, sondern um den Transitverkehr.

Problem Österreich – die Unterinntal-Strecke

Im Herbst 2012 wurde die österreichische Zulaufstrecke zum Brenner-Basistunnel eröffnet. Sie besteht aus einer vierzig Kilometer langen Aneinanderreihung von Tunnelbauten im Tiroler Unterinntal und wurde für Geschwindigkeiten bis 250 km/h gebaut, aber nur bis 220 km/h zugelassen. Damit wollte man die Fahrzeit verkürzen.

Ursprünglich rechneten die Planer mit Kosten von 1,4 Milliarden Euro. Tatsächlich wurden es dann aber 2,4 Milliarden. ÖBB-Aufsichtsratschef Horst Pöchhacker erklärte Ende Juni 2013 ganz unverblümt, der Unterinntaltunnel sei unnötig.

Als die Strecke im November 2012 im Beisein von ÖBB-Generaldirektor Christian Kern, Verkehrsministerin Doris Bures und dem Tiroler Landeshauptmann Günther Platter eröffnet wurde, verbreiteten österreichische Medien Lobeshymnen. Durch den Bau dieser neuen Hochleistungsstrecke und die Eröffnung der Hochleistungsstrecke Wien – St. Pölten, so hieß es, werde sich die Fahrzeit dramatisch verkürzen, und die lauten Güterzüge würden unter der Erde verschwinden.

Überraschungen

Sieht man sich den aktuellen ÖBB-Fahrplan an, erlebt man jedoch eine peinliche Überraschung. Die meisten Schnellzüge brauchen genauso lange wie früher oder sogar etwas länger. Nur vereinzelt gibt es Züge, die um einige Minuten schneller sind. Haben wir es hier vielleicht mit einem Schildbürgerstreich zu tun? 2,4 Milliarden Euro unterirdisch verbaut, für nichts?

Eine irreführende ÖBB-Presseerklärung

Offenbar versuchten die ÖBB, diese Tatsache durch eine grob irreführende Presseerklärung zu vertuschen. Da hieß es beispielsweise, durch die neue Unterinntaltrasse und die Streckenbeschleunigung zwischen Wien und St. Pölten ergebe sich zwischen Wien und Innsbruck eine Fahrzeitverkürzung um zwanzig Minuten. Tatsache ist jedoch, dass sich allein durch die Streckenbeschleunigung zwischen Wien und St. Pölten die Fahrzeit um fünfzehn Minuten verkürzt und weitere fünf Minuten auf anderen Streckenabschnitten eingespart werden. Mit der Unterinntaltrasse hat das nichts, aber auch gar nichts zu tun.

Die Anrainer hatten sich zumindest eine Verlagerung des lärmintensiven Güterverkehrs unter die Erde erhofft. Das wurde bis jetzt nur teilweise realisiert. Laut ÖBB fahren rund vierzig Prozent der Güterzüge nach wie vor oberhalb auf der alten Strecke, weil es billiger ist. Denn für die Fahrt auf der neuen Strecke müssen die Loks mit dem neuen Sicherheitssystem ETCS Level 2 ausgestattet werden, dessen Einbau pro Lok mehr als 100 000 Euro kostet. Diesen Betrag wollen sich die privaten Güterverkehrsfirmen ersparen, obwohl das Verkehrsministerium vierzig Millionen Euro an Förderungen bereitgestellt hat.

Wie schlecht beim Brenner-Basistunnel und bei den Zulaufstrecken geplant wird, zeigt sich an einem weiteren Detail: Kurz vor der Einfahrt in den Tunnel müssen größere Steigungen überwunden werden als im Tunnel selbst. Das bedeutet: Die Zufahrt ist das schwächste Glied der ganzen Strecke, denn wegen der größeren Steigung kann der Zug hier weniger Last befördern als im Tunnel selbst.

Problem Deutschland

Um die Strecke zwischen München und Mailand beziehungsweise Verona zu beschleunigen, müsste auch in Deutschland die Zulaufstrecke ausgebaut werden – von München bis zur österreichischen Grenze. Oberirdisch würde das 2,6 Milliarden Euro kosten. Unterirdisch, als Tunnelstrecke, wären es mehr als fünf Milliarden. Es gibt dazu zwar eine österreichisch-deutsche Vereinbarung vom Juni 2012. Allerdings scheint ein derartiges Projekt in der übergeordneten Planung der Deutschen Bahn bis jetzt gar nicht auf.

Tatsächlich ist es so, dass Deutschland eher auf den Ausbau der Zulaufstrecke setzt, die von München über Memmingen, Lindau und den Schweizer Gotthard-Tunnel nach Mailand führt. An deren Finanzierung beteiligt sich auch die Schweiz. Darüber müsste sich Österreich eigentlich freuen, denn es bedeutet: Ein zusätzlicher Anteil von Transitverkehr wird über die Schweiz laufen und Österreich entlasten.

Problem Italien

Auf der italienischen Seite des Brenner-Basistunnels gibt es mehrere Probleme. Seit einigen Jahren versucht die italienische Eisenbahn, beim Personenverkehr die Verbindungen mit den Nachbarn abzuschneiden. Die will das eigene Staatsgebiet konsequent gegen ausländische Bahnkonkurrenten abriegeln. Das betrifft nicht nur Österreich, sondern auch Frankreich und die Schweiz. Außerdem gibt es bei den Italienern nur wenig Interesse, den Schienengüterverkehr zu fördern.

Zwar scheint die Finanzierung des Brenner-Basistunnels gesichert. Aber bei der Zulaufstrecke sieht das ganz anders aus. Dort gibt es Abschnitte mit achtzehn Promille Steigung, die bei Güterzügen nur mit Hilfe einer zweiten Lok überwunden werden können – fast genau so wie bei der alten Brennerstrecke. Ein Ausbau würde weitere Tunnel erfordern, mit weiteren Milliarden-Investitionen.

Wer soll das bezahlen? Beim Gotthard-Tunnel, wo schon seit längerem gebaut wird, warten die Schweizer trotz wiederholter Zusagen der Italiener immer noch auf den Bau der Zulaufstrecke. Und die ist wesentlich kürzer und billiger als jene am Brenner.

Weitere Probleme auf italienischer Seite: Bei der Einreise

müssen alle Züge, auch Güterzüge, fünfzehn bis zwanzig Minuten anhalten. Sie werden sicherheitstechnisch überprüft, und für die Weiterfahrt ist ein zweiter Lokführer notwendig. Italien ist eines der wenigen Länder, wo das noch vorgeschrieben ist.

Problem Mischverkehr

Problematisch am Brenner-Basistunnel ist, dass sowohl Personen als auch Güter transportiert werden sollen. Die kommen sich gegenseitig in die Quere, denn der Personenverkehr soll mit Geschwindigkeiten von bis zu 250 km/h fahren, der Güterverkehr mit höchstens 100 oder 120. Das erfordert sehr große Zugabstände und vermindert die Anzahl der Züge, die fahren können. Das wäre so, wie wenn die Autobahn gleichzeitig von Traktoren und PKW benutzt würde.

Schuld an diesem Unsinn ist die EU, die ihre Förderungen davon abhängig macht, dass der Verkehr gemischt wird. Und genau das führt zu einer enormen Verteuerung von Tunnelprojekten. Würde man den Tunnel nur für den Güterverkehr bauen, wären die teuren Sicherheitseinrichtungen für den Personenverkehr unnötig, und man könnte um ein Drittel günstiger bauen. Das ist genau der Betrag, den die EU als Förderung zuschießen will. Unverständlich ist, warum sich Österreich und Italien auf diese EU-Bedingungen eingelassen haben und nun einen Tunnel bauen, der wahrscheinlich kein einziges Verkehrsproblem löst.

Tag oder Nacht

Damit sich Personen- und Güterverkehr im Tunnel nicht in die Quere kommen und gegenseitig behindern, sind zeitliche Aufteilungen geplant: Die schnellen Personenzüge sollen nur in der Nacht fahren, von 22 bis 6 Uhr. Untertags werden sie auf die alte Strecke verbannt, wo sie nicht schneller als bisher fahren können. Bei Güterzügen soll es umgekehrt sein – sie dürfen den Tunnel nachts nicht benutzen.

Und überhaupt

Einer der vehementesten Kritiker des Brenner-Basistunnels, der seine Argumente durch eigene Studien untermauerte, ist der Wiener Verkehrsspezialist Professor Sebastian Kummer von der Wirtschaftsuniversität Wien. In diversen Veröffentlichungen schreibt er:

Der Nutzen des Tunnels ist zweifelhaft, und die Kosten sind unvertretbar hoch. Der bloße Bau des Brenner-Basistunnels führt zu keiner Verlagerung von der Straße auf die Schiene.

Der Gütertransport über die Alpen findet derzeit hauptsächlich per LKW über den Brennerpass statt. Das ist im Vergleich zum Transport über die Schweiz zwar ein Umweg, aber wesentlich billiger. Zum Vergleich: In der Schweiz kostet die Maut für einen Vierzig-Tonnen-LKW über den Gotthard-Pass 219 Euro, in Österreich über den Brenner 82 Euro. Außerdem ist in Österreich der Diesel wesentlich billiger, und es gibt in der Schweiz gewisse Verkehrsbegrenzungen.

Das sind hohe Anreize, mit dem LKW über den Brenner zu fahren. Durch politische Maßnahmen könnte der LKW-Transit über den Brennerpass um vierzig bis fünfzig Prozent verringert werden. Das Problem für Österreich ist allerdings, dass wir die Straßenmaut nicht so weit hinaufsetzen können wie die Schweiz – die EU erlaubt das nicht.

Schiff und Schiene

Man fragt sich, warum die EU nicht andere Transportmöglichkeiten und -routen unterstützt als den Straßen- und Schienenverkehr. Beispielsweise erfolgt die Belieferung des Magna-Werks in Graz über den Hafen Rotterdam. Von dort werden die Güter per Zug nach Graz transportiert – über eine Strecke von 1500 Kilometern. Sinnvoller wäre es, stattdessen den Seehafen Triest oder Koper oder Rijeka zu nützen. Von dort bis zum Zielpunkt Graz sind es nur 300 Kilometer auf der Schiene. Dazu braucht man keinen Brenner-Basistunnel.

Dipl.-Ing. DDr. Konrad Bergmeister

Bergmeister ist seit 2006 Vorstand der Brenner-Basistunnel Gesellschaft
(BBT). Zuvor war er viele Jahre technischer Direktor der Brennerautobahn
AG. Bergmeister übt zahlreiche weitere Funktionen aus: Er ist Instituts-
vorstand und Professor an der Wiener Universität für Bodenkultur, seit
2010 Präsident der Universität Bozen, seit 2003 Honorarprofessor an
einem College in China und bis 2012 Vorstand der Otto Pregl Stiftung für
geotechnische Grundlagenforschung, die vom Institut für Geotechnik an
der Universität für Bodenkultur Wien errichtet wurde. Bergmeister ist auch
Gründer des 35-köpfigen Ingenieurteams Bergmeister in Südtirol, an der
er einen Firmenanteil von zwanzig Prozent besitzt und einer von fünf technischen Direktoren ist. Firmenumsatz 2011: 5,1 Millionen Euro.
Nach einem Urteil des Südtiroler Rechnungshofes in Trient aus dem
Jahr 2006 musste Bergmeister 250 000 Euro Schadenersatz an seinen
damaligen Arbeitgeber, die Brennerautobahn AG, zahlen. Er hatte gemeinsam mit drei Firmenkollegen dem international tätigen Bau-Unter-
nehmen Bilfinger-Berger rechtswidrig einen Auftrag zugeschanzt.
In zweiter Instanz wurde das Urteil aufgehoben, und es kam zu einem
Vergleich.

Alternativen zum Brenner-Basistunnel

Weil der Tunnel so umstritten ist, haben sich viele Personen und
Initiativen Gedanken darüber gemacht, welche Alternativen es
gibt. Die folgenden drei Vorschläge stammen vom »Bund Natur-
schutz Bayern«. Sie würden wesentlich weniger kosten als der
Tunnel und wären verkehrspolitisch nicht schlechter:

1. Ausbau der alten Strecke mit Einhausungen und Unterflur-
   trassen.

2. Ausbau der alten Strecke mit Lärmschutz und Brenner-Schei-
   teltunnel.

3. Bau des Brenner-Basistunnels nur für den Güterverkehr mit
   einer zweigleisigen Röhre und automatischer Zugsteuerung.

Für Güterzüge ohne Lokführer ist die Zeit jedoch noch lange nicht reif.

Der Semmering-Basistunnel

Ähnlich wie beim Brenner-Basistunnel wird der Semmering-Basistunnel hauptsächlich mit dem EU-Argument begründet, dass wir schnelle Verkehrsachsen für den europäischen Transitverkehr benötigen. Der Ausbau von Bahnstrecken dient außerdem dazu, den Verkehr von der Straße auf die Schiene zu verlagern und zu beschleunigen. Der Semmering-Basistunnel soll die Fahrzeit von Wien nach Graz um dreißig Minuten beschleunigen.

Darauf werden wir allerdings noch mindestens elf Jahre warten müssen, denn so lange dauert es, bis der Tunnel fertig ist. Und das, obwohl es jetzt schon genügend Möglichkeiten gäbe, die Fahrzeit rasch und ohne großen Aufwand beträchtlich zu verkürzen – siehe Seite 45.

Für und Wider

Um den Bau des Tunnels gab es jahrelange Auseinandersetzungen. Befürworter waren unter anderem das Verkehrsministerium (sowohl SPÖ als auch FPÖ/BZÖ), die Bauindustrie, die Eisenbahner-Hochburg Mürzzuschlag am Semmering und das Land Steiermark, Gegner waren Bürger- und Umweltinitiativen wie die Bewegung »Semmeringbahn statt Tunnelwahn«, die *Kronenzeitung* und lange Zeit auch das Land Niederösterreich.

Gegen heftigen Widerstand und ohne Baugenehmigung wurde 1994 mit dem Bau eines Sondierungsstollens begonnen. Zwei Jahre später kam es zu einem Wassereinbruch, der den Sondierungsstollen überflutete und dazu führte, dass die Vorarbeiten abgebrochen wurden.

Schwarzblaurot

Auf Druck des Kärntner Landeshauptmanns Jörg Haider wurde der Semmeringtunnel 2002 in den österreichischen Generalverkehrsplan aufgenommen. Zur Zeit der schwarz-blauen Regierung gab es 2005 per Ministerratsbeschluss neue Baupläne und kurz darauf die Zustimmung des Parlaments. Nach umfangreichen Vorarbeiten – Probebohrungen, Erkundung neuer Streckenführungen, Umweltverträglichkeitsprüfungen – erteilte Verkehrsministerin Doris Bures (SPÖ) am 30. Mai 2011 die Baugenehmigung. 2012 erfolgte der Spatenstich. Der Tunnel wird zwei Röhren haben und 27,3 Kilometer lang sein – und das bei einer Luftlinie von zwanzig Kilometern.

Teuer, teurer, am teuersten

2005 wurden die Kosten auf 1,1 Milliarden geschätzt, 2007 auf 2,11 Milliarden, und nun stehen wir bei 3,1 Milliarden.

Einige Experten kritisieren, dass nicht die billigste, sondern die längste und damit teuerste Streckenführung ausgewählt wurde, die den Tunnel unnötig um mehrere Kilometer verlängert.

In der Umweltverträglichkeitserklärung zum Tunnelprojekt erklären die ÖBB, dass bei der Auswahl der Trasse viele verschiedene Argumente berücksichtigt wurden: Kosten, Eisenbahntechnik, Umweltverträglichkeit und Akzeptanz.

Mit Akzeptanz ist möglicherweise politische Einflussnahme gemeint. Hartnäckig hält sich das Gerücht, die Entscheidung sei maßgeblich auf erfolgreiches Lobbying der Eisenbahner-Hochburg Mürzzuschlag zurückzuführen, die verhindern wollte, dass der Tunnel vier Kilometer entfernt vorbeigeführt wird. Die ÖBB weisen das zurück und erklären, dass vor allem finanzielle Aspekte eine Rolle gespielt haben.

Wie auch immer: An den Plänen wird wohl nichts mehr verändert, und der Tunnel wird gebaut. Und wenn er fertig ist, wird sich die Fahrzeit von Wien nach Graz um eine halbe Stunde verkürzen. Die alte Strecke bleibt erhalten, um während der regelmäßig notwendigen Erhaltungsarbeiten im Tunnel den Verkehr umleiten zu können.

Der Koralmtunnel

Bei der Planung zum Bau des Koralmtunnels zwischen der Steiermark und Kärnten wurde von Anfang an mit falschen Karten gespielt. Böse Zungen behaupten, der ursprüngliche Plan für einen Koralmtunnel sei nicht auf Jörg Haiders Mist, sondern auf dem von Wiener Beamten gewachsen, die sich als Gegenleistung Gastvorlesungen an der Universität Klagenfurt erwarteten – woraus aber nichts wurde.

Unbestritten ist jedenfalls, dass der selige Jörg Haider von Anfang an ein heftiger Verfechter des Tunnels war. Er wollte auch ein Stück des großen Kuchens haben, der in Wien vergeben wurde. Unterstützt wurde Haider von der steirischen Landeshauptfrau Waltraud Klasnic. SPÖ-Politiker reagierten zunächst ablehnend. 1995 wurde zu planen begonnen.

Koralmtunnel

Der geplante Koralmtunnel ist 33 Kilometer lang und soll das Herzstück der Koralm-Strecke bilden, die sich über 130 Kilometer von Graz nach Klagenfurt zieht. Dadurch soll sich die Fahrzeit von drei auf eine Stunde verkürzen. 2009 wurde zu bauen begonnen. Laut Homepage des Amtes der Kärntner Landesregierung soll der Tunnel 2016 fertig sein. Offenbar gehen in Kärnten die Uhren anders, denn nach aktuellen Meldungen wird er erst 2022 in Betrieb gehen.

Haider und Gusenbauer

Als im Jahr 2000 die ÖVP/FPÖ-Regierung an die Macht kam, erhielt das Koralm-Projekt Auftrieb. Denn ab diesem Zeitpunkt wurde das Verkehrsministerium von Haider-Leuten geführt. Als sich der politische Wind drehte und 2007 die SPÖ wieder an die Macht kam, wurde Werner Faymann Verkehrsminister. Er wollte den Baubeginn des Koralmtunnels zumindest verzögern, stieß jedoch auf heftigen Widerstand des damaligen SPÖ-Bundeskanzlers Alfred Gusenbauer, der einen planmäßigen Baubeginn anordnete.

Nach dem Ausscheiden aus der Politik wurde Gusenbauer Aufsichtsratsvorsitzender beim größten österreichischen Baukonzern STRABAG – der zuvor schon Aufträge für Zulaufstrecken erhalten hatte und kurz danach den Auftrag für den Bau des Koralmtunnels erhielt. Ein Schelm, wer dabei Böses denkt! Haider ist tot, und die SPÖ inklusive Werner Faymann steht nun geschlossen hinter dem Koralm-Projekt.

Ein unnötiger Tunnel

Die meisten Eisenbahn- und Verkehrsfachleute sind sich darüber einig, dass der Koralmtunnel unnötig ist. Das Verkehrsministerium rechnet mit 2,3 Milliarden Euro für den Tunnel und 5,3 Milliarden für die gesamte Strecke. Nach anderen Schätzungen soll allein der Tunnel mehr als fünf Milliarden Euro und die gesamte Koralmstrecke bis zu fünfzehn Milliarden Euro kosten. Wie auch immer: So viel Geld für so wenig Verkehr auszugeben würde nur dann Sinn ergeben, wenn der Staat unbegrenzt Geld zur Verfügung hätte. Der Staat ist jedoch verschuldet, und derartige Investitionen werden auf Pump gebaut.

Die EU spielt mit

Politische und finanzielle Unterstützung für das Koralm-Projekt gibt es auch von der EU, weil sich das mit ihren phantastischen Plänen zum europaweiten Transitverkehr deckt – für die Verkehrsachse von Danzig im Norden bis zur Adria im Süden. Dafür wurde vom Amt der Kärntner Landesregierung sogar eine eigene Homepage eingerichtet. Da heißt es: »Die günstige Wirtschaftsentwicklung hat diese für Österreich und Kärnten so bedeutende Verkehrsachse wieder zum Leben erweckt, mit dem Resultat, dass der Abschnitt Danzig – Warschau – Wien (von der EU) zum ›Priority-Project‹ erklärt wurde. Die Koralmbahn als das Schlüsselprojekt der Baltisch-Adriatischen Achse wird der Vernetzung der Länder dienen.«

Priority

Eine Anfrage bei der ÖBB-Service-Telefonnummer ergibt, dass es zwei Möglichkeiten gibt, mit der Bahn von Danzig nach Venedig zu fahren. Erstens in der Früh, mit Umsteigen in Warschau und Wien. Das dauert knapp 24 Stunden. Zweitens mit Abfahrt am Nachmittag und Umsteigen in Warschau, Wien und Villach. Das dauert 25 Stunden. Für den letzten Streckenteil zwischen Villach und Venedig muss man einen Bus der ÖBB benutzen, denn die Bahnverbindung wurde vor einigen Jahren eingestellt. Wie heißt es so schön? Straße statt Schiene!

Der Tauerntunnel

Die Tauernstrecke ist ein schönes Beispiel dafür, wie man sich über Voraussagen zur Verkehrsentwicklung irren kann. In den 1960er und 1970er Jahren fuhren dort jeden Tag bis zu 118 Züge. Damit war die Kapazität ausgereizt. Und weil man dachte, dass die Zahl der Bahnreisenden über die Tauernlinie weiter ansteigen wird, plante man den teilweisen Neubau der Strecke mit Tunneln und Brücken. So etwas dauert.

Es kam die Zeit, als die Gastarbeiter aus dem Süden Europas, die in Deutschland beschäftigt waren, endlich so viel verdienten, dass sie sich eigene Autos leisten konnten. Und zur Heimreise nicht mehr die Bahn, sondern den PKW benutzten. Schließlich wollten sie zu Hause ja zeigen, dass sie es zu etwas gebracht hatten.

Augen zu und durch

Die Folge war, dass der Bahnverkehr über die Tauernstrecke rapide zurückging. Aber weil das Projekt schon geplant war und die Bauwirtschaft nach Aufträgen verlangte, wollte man es halt auch bauen. Die Parole lautete: Augen zu und durch. Und so wurden von 2001 bis 2004 61 Millionen Euro investiert. In die gesamte Tauernstrecke flossen bisher etwa 300 Millionen Euro. Gewissermaßen auf Vorrat. Denn es könnte ja sein, dass in den nächsten Jahrzehnten vielleicht wieder Bedarf entsteht. Und dann kann man wieder darauf zurückgreifen. Was man hat, das hat man.

Ein Schildbürgerstreich

Heute ist es so, dass diese Strecke nicht mehr stark befahren wird. Der Regionalverkehr wurde vor Jahren auf Fernverkehr und Autobus verlagert, einige Haltestellen wurden aufgelassen, und der Güterverkehr ist rückläufig. Der bisherige Ausbau der Strecke erlaubt nun Geschwindigkeiten bis 120 km/h und auf einem kurzen Teilstück 130 km/h. Immer wieder wird jedoch am Pass Lueg die Zufahrt zur Tauernstrecke unterbrochen, weil sie nicht lawinensicher ausgebaut ist.

Eine Schwachstelle ist auch die mehr als hundert Jahre alte Angerschluchtbrücke im Gasteinertal. Dort kann nur mit einer Geschwindigkeit von 70 km/h gefahren werden, weil sie sonst zusammenstürzen würde. Gleich daneben wurde 2009 eine neue Brücke fertiggestellt. Sie darf aber nicht benutzt werden, weil vor Baubeginn nicht geprüft wurde, ob sie umweltverträglich ist. Ein Schildbürgerstreich.

4. Bahnhofsprotz

Ende der 1990er Jahre starteten die ÖBB ein Programm zur Erneuerung von Bahnhöfen, das 42 Bahnhöfe und fünfzig Haltestellen umfassen sollte. Diese »Bahnhofsoffensive« wurde Anfang des Jahrtausends zurückgeschraubt und auf zwanzig Bahnhöfe und Kosten von 300 Millionen Euro begrenzt.

Zu groß, zu protzig

2002 veröffentlichte der österreichische Rechnungshof eine Untersuchung über die Wirkung der Bahnhofsoffensive und kritisierte, die Größe mancher Bahnhöfe sei nicht nachvollziehbar. Weiters stellte er fest, dass in Zukunft bei jedem Projekt bis zu zwanzig Millionen Euro eingespart werden können. Kurz gesagt: Die ÖBB hatten zu groß und zu protzig gebaut. Als herausragendes Negativbeispiel nannte der Rechnungshof St. Valentin im äußersten Westen Niederösterreichs. Für diese Stadt mit nur 9000 Einwohnern hatte man einen Bahnhof gebaut, der 2002 fertiggestellt wurde und 100 Millionen Euro kostete. Für den Rechnungshof war die Dimension dieses Bahnhofs nicht nachvollziehbar. Der Bauherr – eine Staatsfirma, die inzwischen in die ÖBB eingegliedert wurde – rechtfertigte sich mit dem eigenwilligen Argument, die Dimension sei vertretbar. Außerdem habe die Behörde das ja genehmigt.

Neue Milliarden

Seither fließt weiter viel Geld in die Erneuerung von Bahnhöfen, und die Mahnung des Rechnungshofes ist längst vergessen. Allein der neue Wiener Hauptbahnhof kostet mehr als eine Milliarde Euro, der Bahnhof Salzburg 250 Millionen, Graz 170 Millionen, Zeltweg 56 Millionen, Amstetten mehr als 150 Millionen, St. Pölten mehr als 165 Millionen, Gmunden 19 Millionen, Attnang-Puchheim 15 Millionen und Frohnleiten 39 Millionen; die vor einigen Jahren fertiggestellten Bahnhöfe Feldkirch und Klagenfurt kosteten 80 und 46 Millionen Euro. Zusammengezählt sind das rund zwei Milliarden Euro für elf Bahnhöfe.

Offensiven und Pakete

Auf dem Programm stehen aber noch Dutzende weitere Projekte. Sie laufen bei den ÖBB inzwischen unter verschiedenen Investitionsposten wie *Bahnhofsoffensive*, *Umbau* oder *Konjunkturpaket*. Dabei scheint es oft in erster Linie nicht um Bahnhöfe zu gehen, sondern um den Bau von Einkaufszentren mit integrierten Verkehrsknoten. Oder um lukrative Verwertungen von ÖBB-Immobilienbesitz. Beispiele dafür sind etwa der Wiener Westbahnhof, der von einem Shopping Center und einem Hotel architektonisch fast erschlagen wird. Oder der Bahnhof Wien Mitte, der zum Kellergeschoss eines darüber liegenden, 130 000 Quadratmeter großen Konsumtempels verkommen ist. Oder der neue Wiener Hauptbahnhof, der an ein 20 000 Quadratmeter großes Einkaufszentrum angehängt und von riesigen Immobilienprojekten umzingelt wird.

Bahnhof Wien Mitte

Laut ÖBB ist der Bahnhof »Wien Mitte« der meistfrequentierte Österreichs. Diese Bewertung ergibt sich wohl nur dann, wenn man außer den Fahrgästen der fünf Schnellbahnen auch jene der beiden U-Bahnen 3 und 4 mitzählt.

Nähert man sich diesem Verkehrsknotenpunkt von außen, hat man nicht den Eindruck, dass es sich um einen »Bahnhof« im traditionellen Sinn handelt. Es ist ein riesiges, klobiges Immobilienprojekt mit Geschäften, Büros und Restaurants im Ausmaß von

130 000 Quadratmeter Nutzfläche, in dessen Keller der öffentliche Verkehr stattfindet.

Ein kleiner Fahrgast-Test, den ich Anfang Juli 2013 durchführte, ergab Folgendes:

Der Bahnhof Wien Mitte ist ein unauffälliger, übersichtlicher, gut funktionierender Verkehrsknoten. Offenbar hat man die Fußwege zwischen den öffentlichen Verkehrsmitteln, die früher teilweise sehr lang waren, um einiges verkürzt. Von der Flughafen-Schnellbahn CAT bis zu den öffentlichen Verkehrsmitteln U3, U4 und den S-Bahnen geht man jetzt etwa 175 bis 350 Meter zu Fuß. Das ist durchaus im Rahmen des Üblichen.

Wien Hauptbahnhof

Die Notwendigkeit eines neuen Wiener Hauptbahnhofes wurde von der Fachzeitschrift *Eisenbahn Österreich* generell in Frage gestellt:»Tatsache ist, dass die ÖBB den Hauptbahnhof so dringend benötigen wie einen Kropf und sich zum Handlanger und Mitfinanzier für ein Städtebauprojekt der Gemeinde Wien vergewaltigen ließen. Um einen Bruchteil der Kosten hätte ein weitaus funktionellerer Durchgangsbahnhof gestaltet werden können.«

Zusammenfassend heißt es, der neue Hauptbahnhof sei nur eine überdimensionierte Haltestelle mit schlechten Anschlüssen an öffentliche Verkehrsmittel. Besser und billiger wäre es gewesen, Wien-Meidling zum Hauptbahnhof zu erklären, der derzeit während der Bauarbeiten des Hauptbahnhofes dessen Aufgaben bestens erfüllt und auch über bessere Anschlüsse an den öffentlichen Verkehr verfügt.

Ein gelungenes Ablenkungsmanöver

Das Beste am neuen Hauptbahnhof ist ein Aussichtsturm namens *Bahnorama*. Von dort hat man einen schönen Blick auf das

Rautendach des Bahnhofs und das umliegende Gelände. Fast alle Broschüren und Artikel zum neuen Hauptbahnhof sind mit dieser Ansicht illustriert.

Jedenfalls handelt es sich um eine gelungene PR-Strategie der ÖBB, um vom Planungsdesaster abzulenken, das sich am Bahnhof selbst abspielt. Denn als Reisender betritt man einen Bahnhof ja nicht aus der Vogelperspektive, sondern zu ebener Erd' oder von unten. Der neue Hauptbahnhof ist ein anschauliches Beispiel dafür, wie man es nicht machen sollte. Er wirkt, als seien hier Leute am Werk gewesen, die noch nie einen gut funktionierenden Bahnhof gesehen haben.

Aber vielleicht wird alles besser, wenn 2015 alles fertiggestellt ist, denn derzeit gibt es noch einige Provisorien.

Hoch hinauf

Ursprünglich, im Jahr 2003, hätte der neue Bahnhof 420 Millionen Euro kosten sollen. Seither fanden mehrere Umplanungen statt. Im Oktober 2006 rechneten die ÖBB mit 742,1 Millionen Euro. Im Frühjahr 2007, als der damalige ÖBB-Chef Martin Huber (siehe Seite 153) das Projekt vorstellte, schätzte man die Kosten bereits auf knapp 784 Millionen Euro. Im Juni 2007 war dann von 886 Millionen die Rede und zwei Jahre später von 930. Inzwischen ist mehr als eine Milliarde daraus geworden.

Rauf und runter

Ein Bahnhof ist dazu da, um Reisenden eine rasche und bequeme An- und Abreise zu ermöglichen. Die Österreichischen Bundesbahnen und die Stadt Wien behaupten in einer Werbebroschüre zum neuen Hauptbahnhof, dass »der optimale Anschluss an den öffentlichen Verkehr ein problemloses Weiterkommen in Wien« garantiere.

Um zu testen, ob das gelungen ist, reise ich am 11. Mai 2013 mit der U-Bahnlinie 1 an und steige am dortigen Hauptbahnhof aus – drei Stockwerke unter der Erde. Dort halte ich mich an die

Richtungsmarkierungen, nehme am Ende des Bahnsteigs den Lift und fahre zwei Stockwerke höher. Oben leitet mich der Richtungspfeil »Hauptbahnhof« zu einer Stiege, die aber wiederum ein Stockwerk tiefer führt. Weil ich aus Testgründen einen schweren Koffer dabeihabe, sehe ich mich nach einer Rolltreppe oder einem Lift um – erfolglos. Und so schleppe ich meinen Koffer über die Stiege wieder nach unten und bewege mich auf einer unterirdischen Passage in Richtung Hauptbahnhof.

Hin und her

Das ist gar nicht so einfach, denn die Beschilderung ist, salopp ausgedrückt, saumäßig. Nach etwa hundert Metern erweitert sich die Passage, und ich habe die Wahl zwischen mehreren Ausgängen. Wo ist der Hauptbahnhof? Nach längerem Suchen entdecke ich einen an der Wand angebrachten, handgeschriebenen Zettel, der mit einem Pfeil zum »Hauptbahnhof« weist. Ich gehe also weiter und lande in einer Sackgasse. Auch nach längerem Suchen finde ich keinen Hinweis, wo nun der »Hauptbahnhof« ist.

Hoch

Stattdessen bieten sich mir drei Möglichkeiten, auf einen Bahnsteig zu gelangen, per Lift, per Rolltreppe oder zu Fuß über eine Stiege. Wenn es Bahnsteige gibt, muss es ja wohl auch einen dazugehörigen Hauptbahnhof und eine Bahnhofshalle geben, denke ich. Und weil ich einen schweren Koffer dabeihabe, entscheide ich mich für den Lift und fahre zwei Stockwerke höher, zu den Bahnsteigen 9, 10, 11 und 12. Beim Aussteigen erwartet mich eine Überraschung: Ich befinde mich nun im Freien, und weil es heftig regnet, werde ich nass. Hier ist weit und breit kein Bahnsteig zu sehen, jedoch ein Pfeil, der in Richtung »Hauptbahnhof« weist.

In einem weiteren Bahnhofs-Test am 11. Juli 2013 muss ich feststellen, dass die Wege und Hinweisschilder nicht besser, sondern noch viel verwirrender geworden sind.

Eine Baustelle

Ich beschließe, den Regen zu ignorieren und dem Pfeil zu folgen, biege zweimal um die Ecke und gehe fünfzig Meter eine mit Holzplatten abgeschirmte Baustelle entlang. Schließlich lande ich in einer provisorischen Schalterhalle. Nebenan befindet sich das Herren-Klosett mit drei Pissoirs und vier Toiletten. Ob das ausreicht für Zehntausende von Reisenden, die laut Prognosen hier jeden Tag den Bahnhof benützen sollen?

Der Wartesaal

Aber wo sind nun die Bahnsteige? Dazu muss ich wieder ins Freie hinaus. Zum Bahnhofseingang sind es etwa hundert Meter zu Fuß. Immerhin ist diese Strecke überdacht. Über das pompöse gläserne Vordach betrete ich nun den Eingang und erlebe die nächste Enttäuschung. Ich hatte eine Bahnhofshalle erwartet, aber so etwas gibt es hier nicht. Der erste Raum enthält nur Fahrpläne. Und der darauf folgende Raum ist ein Wartesaal. Dort gibt es zwar Sitzgelegenheiten im Flughafendesign, aber keine Anzeigetafel für ankommende und abfahrende Züge. Dazu muss man wieder in den Nebenraum gehen.

Der schlimmste Planungsfehler ist jedoch, dass der Wartesaal im Winter ein kalter, zugiger Ort ist. Von oben, von den Bahnsteigen, pfeift ungehindert der eisige Wind herein.

Am Bahnsteig

Flieht man vor der Kälte hinauf auf den Bahnsteig, steht man unter dem vielgerühmten Rautendach – und erlebt hautnah das nächste Planungsdesaster. Denn in diesem Bereich bietet das Dach zwar Schutz von oben, aber nicht von der Seite, und so kann der Wind ungehindert durchziehen. Außerdem überdeckt das Rautendach nicht durchgängig alle zehn Gleise, sondern spaltet sich hundert Meter weiter in fünf einzelne Bahnsteigüberdachungen auf.

Warum, so fragt man sich als Reisender, wurde keine große

Halle gebaut? Die ÖBB hätten sich ja den Berliner Hauptbahnhof zum Vorbild nehmen können, der während der Bauphase zwar auch heftig geschmäht wurde, aber nur wenig teurer war und ein unvergleichlich moderneres, größeres und schöneres Bauwerk ist. Die ÖBB erklären, dass eine Hallenkonstruktion anstelle des Rautendaches sehr viel teurer gewesen wäre und der damit verbundene Brandschutz ebenfalls zu teuer geworden wäre.

Windrichtungen

Eine große Halle sei auch deshalb nicht sinnvoll gewesen, erklären die ÖBB, weil die Bahnsteige am Wiener Hauptbahnhof an der Haupt-Windrichtung ausgerichtet seien und damit der Wind verstärkt worden wäre. Dass dieses Argument falsch ist, zeigt ein einziger Blick auf den Lageplan. Denn die Bahnsteig-Richtung unterscheidet sich beträchtlich von der offiziellen Haupt-Windrichtung. Offenbar war den ÖBB ein architektonischer Blickfang für Bahnorama-Besucher oder Hubschrauber-Piloten wichtiger als der Komfort für Reisende.

Weit ist der Weg

Was am neuen Hauptbahnhof besonders auffällt, sind die sehr langen Bahnsteige. Wer am Ende eines von Osten oder Norden kommenden Fernzuges aussteigt, hat bis zum Wartesaal einen Fußweg von fast einem halben Kilometer vor sich. Von dort sind es noch einmal einige hundert Meter bis zur U1. Dafür benötigt man etwa fünfzehn Minuten. Hätte man die Bahnhofshalle samt Auf- und Abgängen auf halber Länge der Bahnsteige gebaut – also in der Mitte –, würde sich die Gehlänge der Reisenden deutlich verkürzen. Offenbar wollte man das nicht.

Wo ist die Milliarde?

Der zweite Zugang zu den Bahnsteigen erfolgt über eine Haltestelle der Straßenbahnlinie D. Sie liegt in einer Unterführung, die sich auch als Kulisse für einen Gruselfilm eignen würde. Die aus dem Stadtzentrum kommende Straßenbahn hält außerdem nicht vor dem Aufgang zu den Bahnsteigen, sondern bleibt etwa dreißig Meter davon entfernt stehen. Von hier aus muss man etwa 350 Meter zu Fuß gehen, um einen Regionalzug zu besteigen. Hat man den Bahnhof zu Fuß durchmessen, fragt man sich, wo die Milliarde geblieben ist, die hier angeblich verbaut wurde.

Wiener Politik

Der Wiener Hauptbahnhof scheint von Anfang an ein ungeliebtes Kind der Wiener Politik gewesen zu sein. Deutlich erkennbar ist das bei der Anbindung des öffentlichen Verkehrs. Schon beim Bau der U-Bahn-Linie 1 ließ man den Vorgängerbahnhof »Süd« links liegen und führte die Strecke daran vorbei. Bahnreisende mussten eineinhalb Kilometer zu Fuß gehen. Beim neuen Hauptbahnhof weigerte sich der damalige Stadtrat Rudolf Schicker erneut, die U-Bahn direkt anzubinden. Und das, obwohl der Bund beim Bau der U-Bahn die Hälfte aller Kosten trägt.

Die Stadt sträubte sich auch gegen eine Namensänderung von »Südtiroler Platz« auf »Hauptbahnhof«. Begründet wurde dies mit dem Argument, der bestehende Name sei den U-Bahn-Benutzern geläufig. Erst nach langem Hin und Her konnte man sich auf den Doppelnamen »Südtiroler Platz – Hauptbahnhof« einigen.

Bahnhof Wien Praterstern

Der Bahnhof Praterstern wirkt modern, freundlich und großzügig, weist aber zwei grundlegende Fehler auf: Erstens ist er viel zu breit – 68 Meter für fünf Gleise ist ein unnötig teurer Luxus. Im Vergleich dazu ist der neue Wiener Hauptbahnhof nur fünfzig Meter breit, aber mit der doppelten Anzahl an Gleisen bestückt. Zweitens ist die Voll-Überdachung über den Gleisen viel zu kurz und zieht sich nur über 110 der 210 Meter langen Bahnsteige. Dadurch sind die Passagiere vor Wind und Wetter teilweise ungeschützt. Wäre der Bahnhof schmaler, hätte man sich ohne Mehrkosten eine Voll-Überdachung der Bahnsteige leisten können.

Diese Fehlplanung verursacht nicht nur mangelnden Komfort bei den Reisenden, sondern auch erhöhte Betriebskosten. Denn im Winter müssen die nicht geschützten Bahnsteigbereiche von Schnee und Eis gesäubert werden.

Die ÖBB erklären dazu, dass eine komplette Überdachung laut einer Kosten-Nutzen-Analyse keinen signifikanten Mehrwert für die Kunden gebracht hätte. Die Bahnsteige seien deshalb breiter als üblich, weil die bestehenden, alten Brückentragwerke weiterverwendet wurden und dies zu weniger Umbauten und damit geringeren Kosten geführt habe. Bei Verschmälerung der Bahnsteige hätte der ganze Praterstern großflächig umgebaut werden müssen.

Bahnhof Tullnerfeld

Bereits Mitte der 1990er Jahre wurde über eine neue Bahnstrecke von Wien nach St. Pölten verhandelt. Dabei gelang es Niederösterreich, auf Kosten des Bundes allerhand Sonderwünsche unterzubringen. Zum Beispiel eine Linienführung, die zwischen den beiden Hauptstädten einen weiten Bogen in Richtung Norden beschreibt und deshalb etwa zehn Kilometer länger ist als eine annähernd gerade Verbindung. Das verursacht natürlich höhere Kosten; vor allem deshalb, weil die Strecke teilweise untertunnelt ist.

Zwanzig Millionen für 500 Pendler

Niederösterreich wünschte sich außerdem auf halber Strecke dieser schnellen Fernverkehrsverbindung einen neuen Bahnhof – in einem Niemandsland ohne menschliche Ansiedlungen und ohne

Anschluss an öffentlichen Verkehr. So entstand Tullnerfeld für den Nahverkehr. Erst nach der Eröffnung wurde auch eine Haltestelle für Busse errichtet.

Der neue Bahnhof wird von etwa 500 Pendlern benutzt, die meist einzeln aus der näheren und ferneren Umgebung per PKW anreisen und dann mit der Bahn nach Wien oder St. Pölten zur Arbeit fahren. Park & Ride heißt das Konzept. In der Früh mit dem Auto zum Bahnhof fahren, dort parken, in den Zug umsteigen und abends wieder retour fahren. Allein der Bahnhof kostete rund zwanzig Millionen Euro. Das sind 40 000 Euro pro Pendler. Niederösterreich schaffte es auch, auf diesem Provinzbahnhof einen Halt für Schnellzüge der ÖBB und der privaten WESTbahn durchzusetzen. Und das, obwohl es sich dabei um Nahverkehr handelt, für den das Land Niederösterreich normalerweise Geld zuschießen müsste.

Ein Geisterbahnhof

Von Wien aus erreicht man Tullnerfeld mit dem Schnellzug in achtzehn Minuten. Wer sich morgens dort aufhält, kann beobachten, dass fast alle Pendler nach Wien fahren und nur wenige nach St. Pölten. Kaum jemand steigt hier aus, und auch die Regionalzüge sind fast leer. Nach acht Uhr in der Früh fällt der Bahnhof in tiefen Schlaf und erwacht erst wieder, wenn die Pendler von ihrer Arbeit zurückkehren. Es gibt nichts, was Reisende zum Bleiben anregen könnte, keine Geschäfte, keine Cafés, keine Aufregungen. Auch die Umgebung ist kein Anziehungspunkt. In der Ferne sieht man einen Raiffeisenturm und eine rauchende Fabrik. Manchmal riecht es intensiv nach Schweinemist.

Irgendwann, erklärt die hier arbeitende Putzfrau, sollen Geschäfte und Büros entstehen. Sie glaubt nicht daran.

5. Eisenbahner-Himmel

Nicht mehr arbeiten zu können – das wäre für mich eine Strafe. Die Mehrheit der Österreicher sieht das wohl anders – für sie ist Arbeit eine Strafe. Wer kann, geht so früh wie möglich in Pension.

Mein Vater hörte erst mit 65 Jahren auf zu arbeiten. Und das, obwohl seine Tätigkeit durchaus vergleichbar war mit der von ÖBB-Mitarbeitern beim Verschieben von Zügen. Als selbständiger Spengler mit einem Mitarbeiter musste sich mein Vater bei Wind und Wetter im Freien aufhalten, oft unter gefährlichen Umständen. Er nahm sich jedes Jahr nur eine Woche Urlaub und arbeitete auch am Samstag. Seine Wochenarbeitszeit lag bei 45 bis fünfzig Stunden. Einmal fiel er vom Dach eines Hauses und wurde schwer verletzt. Für ihn wäre es undenkbar gewesen, so wie ÖBB-Mitarbeiter mit fünfzig in Pension zu gehen.

Mit Anfang fünfzig in Pension

Gebhard Pocher* erzählt, wie es war, als er nach dem Studium Ende der 1970er Jahre bei den ÖBB zu arbeiten anfing. Er war fünfundzwanzig. Schon beim Einstellungsgespräch wurde ihm vorgerechnet, dass er mit Anfang fünfzig in Pension gehen kann. Und dass er 83 Prozent seines letzten Gehalts erhalten wird.

Genau das sei für die meisten ÖBB-Mitarbeiter der Anreiz gewesen, zur Eisenbahn zu gehen, sagt Pocher. Man verdiente am Anfang nur wenig, arbeitete aber nur kurze Zeit und konnte mit einer guten Pension den Ruhestand genießen. Als Beamter hatte man außerdem das Privileg, auch in der Frühpension unbegrenzt dazuverdienen zu können – ohne Abschläge. Wer schlau war, begann zu pfuschen.

Der Öffentlichkeit wurden solche Privilegien mit dem Argument verkauft, Lokführer und Verschieber müssten so schwer arbeiten, dass sie bereits mit fünfzig körperlich kaputt und ausgebrannt seien. Das sei ein vorgeschobenes Märchen gewesen, sagt Pocher, denn die Arbeit war längst nicht mehr so schwer wie in den Frühphasen der Eisenbahn. Außerdem gab es bei den ÖBB ja nicht nur Lokführer und Verschieber, und die Lebenserwartung war ganz allgemein sehr viel höher als früher. Mit fünfzig, sagt Pocher, sei niemand so ausgebrannt, dass er nicht mehr arbeiten könne.

Am Anfang hat er sich oft überlegt, die ÖBB zu verlassen. Ihn störte vor allem die negative Einstellung zur Leistung. Aber irgendwann kam der Punkt, an dem er dadurch viel Geld verloren hätte. Er erinnert sich noch gut an einen Fahrdienstleiter-Kurs mit jungen Kollegen. Einige träumten schon mit zwanzig von der Pension und waren tot, noch bevor sie angefangen hatten zu leben. Der ersehnte Eisenbahner-Himmel war die Pension.

Während einer Diskussion mit diesen Kollegen sagte er: »Dieses System kann nicht lange funktionieren! Wer soll das bezahlen?« Man lachte ihn aus.

Eisenbahner-Himmel erster und zweiter Klasse

Wer vor 1995 bei den ÖBB zu arbeiten anfing, konnte einen Eisenbahner-Himmel erster Klasse erwarten. Das bedeutete: Beamter zu sein mit Privilegien wie Kündigungsschutz, einer Frühpension ohne Abschlagszahlung, einem Sondergeschenk in Form einer erhöhten Rente, die auf der Basis eines fiktiv erhöhten Gehalts berechnet wurde, und einer nach oben unbegrenzten Pension. 2009 gab es bei den ÖBB 28 051 Beschäftigte und 72 079 Pensionisten nach dem Beamtenrecht, mit einer durchschnittlichen Pensionshöhe von 28 700 Euro. Diese Zahl umfasst auch die niedrigen Witwen- und Waisenrenten.

Für die nach 1995 eintretenden Beschäftigten der ÖBB gab es nur noch Plätze im Eisenbahner-Himmel zweiter Klasse. Das bedeutete eine ganz normale Anstellung nach ASVG-Recht, ohne besonderen Kündigungsschutz und mit einer nur halb so hohen Pension wie die Beamten. Außerdem war es vorbei mit den Frühpensionen – sie wurden bei der Versicherungsanstalt für Eisenbahn und Bergbau (VAEB) versichert. 2009 gab es 13 496 Beschäftigte und 18 489 Pensionisten dieser Art. Die Pensionshöhe lag im Durchschnitt bei 14 900 Euro – nur etwa die Hälfte dessen, was Beamte erhielten.

Ursachen für das ÖBB-Pensionsdesaster

Laut Pocher gibt es zwei Ursachen für das ÖBB-Pensionsdesaster. Zum einen war es eine Folge der SPÖ-Politik, die darauf abzielte, möglichst viele Leute in staatseigenen oder staatsnahen Betrieben unterzubringen, egal, ob sie gebraucht wurden oder nicht. Bis 1969 stieg die Zahl der Beschäftigten auf 81 000 an und fiel langsam wieder ab auf 67 000 im Jahr 1990.

Vollkommen aus dem Ruder lief die Sache aber durch die systematischen Frühpensionierungen. Das Ergebnis dieser Politik ist, dass es heute viel zu viele ÖBB-Pensionisten gibt und dass die Pensionsleistungen im Vergleich zu Normalsterblichen viel zu hoch sind. Die Kosten stiegen auch deshalb so stark, weil zu Pochers Zeiten zahlreiche Beschäftigte kurz vor der Pensionierung noch in die nächste Gehaltsgruppe befördert wurden – damit die Pension höher ist. Nach dem Motto: Zahlt eh der Staat!

Erzwungene Frühpensionierungen

Im Jahr 2003 – viel zu spät, sagt Pocher – wurde vorsichtig begonnen, die Privilegien der ÖBB-Beschäftigten erster Klasse zu begrenzen. Die damals schwarz-blaue Regierung beschloss, die Frühpensionierungen einzuschränken und das Antrittsalter für Pensionen auf 61,5 Jahre anzuheben. Aber nicht von heute auf morgen, sondern mit langfristigen Übergangsbestimmungen.

Und weil die ÖBB damals viel zu viel Personal hatten, gab es den politischen Auftrag an das ÖBB-Management, Mitarbeiter loszuwerden; um fast jeden Preis.

Wegen des Dienstrechts waren Kündigungen jedoch nicht so ohne weiteres möglich, und so versuchte es das Management mit Zuckerbrot und Peitsche.

Pocher kann sich noch gut daran erinnern. Wenn jemand 49 Jahre alt war, hieß es:»Wir haben keine Arbeit mehr für Sie! Gehen Sie ein Jahr lang vorzeitig in den Ruhestand und dann in Pension.« Manche ließen sich von goldenen Abschiedsgeschenken verlocken – Sonderzahlungen von 30 000 Euro.

Wer nicht zustimmte, wurde mit dem Argument überzeugt, dass man ansonsten zehn Jahre länger arbeiten müsse und am Ende eine kleinere Pension erhalten werde. Ein wirksames Argument war auch der Hinweis, dass man als Beamter in Frühpension unbegrenzt dazuverdienen darf, als ASVG-Versicherter jedoch nicht.

Fast unverändert

Der drastische Abbau von Personal führte jedenfalls dazu, dass das Pensionsantrittsalter zwischen 2003 und 2009 nur um einen einzigen Monat anstieg, von 52,2 auf 52,3 Jahre.

In manchen Abteilungen wurden so viele Leute »abgebaut« und in die Pension geschickt, dass es Schwierigkeiten gab, alle notwendigen Arbeiten zu erfüllen. Woraufhin viele Leiharbeiter aufgenommen wurden. Sie waren billiger als die Beamten, die man in Pension geschickt hatte. Pocher bezweifelt, dass sich der Staat damit Geld erspart hat. Denn nun mussten nicht nur die vielen zusätzlichen ÖBB-Pensionen bezahlt werden, sondern über die staatlichen Zuschüsse auch die zusätzlichen Leistungen der Leiharbeiter.

Pocher selbst blieb länger als vorgesehen bei den ÖBB und ging erst vor kurzem in Pension. Mit einem etwas geringeren Betrag, als ihm ursprünglich versprochen wurde. Wenn er noch einmal die Wahl hätte, würde er wieder zu den ÖBB gehen. Am Anfang war die Bezahlung schlecht. Aber im Unterschied zu Normalversicherten habe er heute eine schöne Pension und damit fast ein schlechtes Gewissen – das jedoch schwindet, wenn er an den höheren Pensionsbeitrag oder den Pensionssicherungsbeitrag denkt, den er im Vergleich zu den ASVG-Versicherten bezahlen muss.

Staatliche Kosten für ÖBB-Beamtenpensionen in Milliarden Euro von 2005 bis 2012

	2005	2006	2007
Anzahl der verbeamteten ÖBB-Pensionisten (einschließlich Witwen + Waisen)	70.728	71.616	72.052
Staatliche Ausgaben für ÖBB-Pensionen in Milliarden Euro	1,714	1,805	1,861
Staatliche Einnahmen für ÖBB-Pensionen in Milliarden Euro (= Pensionsbeiträge von Beschäftigten und Pensionisten)	0,432	0,436	0,416
Staatliche Kosten für ÖBB-Beamtenpensionen in Milliarden Euro	1,282	1,369	1,445

Quellen: Statistik Austria; Bundesfinanzgesetz 2013; »Studie im Auftrag des Staatsschulden-Ausschusses« von B. Grossmann und E. Hauth, Mai 2010; in den »staatlichen Ausgaben« ist das

Wer soll das bezahlen, wer hat so viel Geld?

Wie sehr die ÖBB-Pensionisten den Staatshaushalt belasten, kann man an Zahlen ablesen. 2010 gab es insgesamt 41 547 Beschäftigte und 90 568 Pensionisten – das entspricht einem Verhältnis von 10:22. Bei normalsterblichen Österreichern, die nach dem ASVG versichert sind, ist das Verhältnis zwischen Beschäftigten und Pensionisten umgekehrt: 10:6.

Kurz gesagt: Bei den ÖBB gibt es fast viermal so viele Pensionisten wie bei der Normalbevölkerung. Wer soll das bezahlen? Sehen wir uns an, wie viel der Staat für die Beamtenpensionen der ÖBB und wie viel er für die ASVG-Pensionen der ÖBB aufwenden muss.

Aus der Tabelle kann man ablesen, dass die Zahl der verbeamteten ÖBB-Pensionisten von 2005 bis 2009 leicht gestiegen ist – um 1743 Personen, das sind 2,5 Prozent. Für die Jahre 2011 und 2012 standen mir keine Zahlen zur Verfügung.

2008	2009	2010	2011	2012	Gesamt
72.071	72.471	71.705	keine Zahlen verfügbar	keine Zahlen verfügbar	
1,935	1,999	2,041	2,040	2,289	15,684
0,413	0,400	0,390	0,381	0,388	3,256
1,522	1,599	1,651	1,659	1.901	12,428

Pflegegeld nicht enthalten. Wegen Buchungsänderungen und Vorlaufzahlungen sind die Zahlen von 2011 und 2012 nur bedingt vergleichbar.

Die staatlichen Kosten für ÖBB-Beamtenpensionen – staatliche Ausgaben minus staatliche Einnahmen – sind von 2006 bis 2012 jedoch um 48 Prozent gestiegen – zu einem großen Teil deshalb, weil die staatlichen Ausgaben stark gestiegen sind; zu einem geringfügigen Teil auch deshalb, weil der Kostenbeitrag von ÖBB-Beamten und ÖBB-Pensionisten um zehn Prozent gesunken ist.

Kurz gesagt: Der Staat muss zunehmend mehr Geld für ÖBB-Beamtenpensionen aufwenden.

Staatliche Kosten für ÖBB-Pensionisten, die nach ASVG-Recht versichert sind

Zusätzlich zu den Beamten-Pensionisten gibt es noch ASVG-Pensionisten, die ihre Pension von der Versicherung für Eisenbahnen und Bergbau (VAEB) erhalten. Dabei handelt es sich um insgesamt etwa 18 500 Personen. Diese Zahl ist von 2004 bis 2011 fast unverändert geblieben. Die Kosten dafür liegen bei etwa 280 Millionen Euro im Jahr. Weil die Pensionsbeiträge der Beschäftigten das nicht abdecken, muss der Staat für den Rest aufkommen. Das ist zwar viel weniger als bei den Beamten-Pensionen, aber immerhin ein Anteil von etwa 55 Prozent – 155 Millionen Euro.

Um diesen Betrag erhöhen sich die gesamten staatlichen Ausgaben für ÖBB-Pensionisten.

Wie teuer kommt ein ÖBB-Beamtenpensionist?

Dieser Frage ist 2010 der Finanz-Staatssekretär Reinhold Lopatka (ÖVP) nachgegangen. Dazu ließ er die gesamten staatlichen Zuschüsse eines verbeamteten ÖBB-Pensionisten im Vergleich zu einem durchschnittlichen ASVG-Versicherten ausrechnen, der *nicht* bei den ÖBB beschäftigt ist. Und zwar für die gesamte Dauer der Pensionszeit bis zum Alter von 82 Jahren und mit der Annahme, dass der Beamte sieben Jahre früher als der ASVG-Versicherte in Pension gehen kann.

Das schockierende Ergebnis: Ein ASVG-Pensionist kostet den Staat 55770 Euro, ein Beamten-Pensionist 747547 Euro, also mehr als dreizehnmal so viel!

Als das veröffentlicht wurde, gab es wütende Reaktionen von ÖBB-Mitarbeitern und -Pensionisten. Man warf dem Staatssekretär vor, ein ÖBB-Hasser zu sein, ein Lügenbaron, ein Hetzer.

Das 1,2-Milliarden-Pensionsgeschenk

2002 beschloss der Vorstand der ÖBB unter dem damaligen Generaldirektor Rüdiger vorm Walde, den ÖBB-Beamten ein Geschenk zu machen. Zur Berechnung der Pensionshöhe sollte nicht das tatsächliche Gehalt herangezogen werden, sondern ein um zehn Prozent höheres, fiktives Einkommen. Außerdem wurde ab dem Jahr 2014 eine Erhöhung auf fünfzehn Prozent eingeplant. Der Öffentlichkeit wurde diese Regelung als Berücksichtigung bereits existierender Gehaltszulagen verkauft. Eine vom Rechnungshof eingesetzte »Arbeitsgruppe Verwaltung neu« stellte 2009 jedoch fest, dass es sich dabei um fiktiv festgesetzte Werte handelt, die oft weit höher sind als die tatsächlichen Gehaltszulagen. Insgesamt kostet dieses Pensionszuckerl den Staat 1,2 Milliarden Euro.

Der Beschluss wurde übrigens, so schreibt die 2009 vom Bundes- und Vizekanzler eingesetzte »Arbeitsgruppe Verwaltung Neu – Harmonisierung der Pensionssysteme«, ohne Zustimmung des ÖBB-Aufsichtsrats und ohne Zustimmung des Eigentümers und Zahlers – also des Staates – gefasst.

Pensionssicherung

Zum 1,2-Milliarden-Pensionsgeschenk hört man von ÖBB-Beamten wenig. Lautstark melden sie sich jedoch immer wieder zu Wort, wenn es um die Pensionssicherungsbeiträge geht, die sie leisten müssen. Die sind allerdings so gering – 1,3 bis 5,8 Prozent –, dass damit nur ein Bruchteil der Pensionskosten abgedeckt wird. Wie viel Geld das ist, weiß man nur für das Jahr 2009, als der damalige Finanzminister Josef Pröll (ÖVP) eine Summe von 44 Millionen Euro nannte, die von ÖBB-Beschäftigten aufgebracht wurde.

Dazu kommen noch die Pensionssicherungsbeiträge der ÖBB-Pensionisten und die normalen Pensionsbeiträge der ÖBB-Beschäftigten in der Höhe von 10,25 Prozent des Bruttogehalts. Wie viel Geld im Einzelnen dadurch zusammenkommt, ist nicht bekannt. Insgesamt ist es eine Summe von 416 Millionen Euro.

Der Staat muss allerdings noch 1,651 Milliarden Euro dazulegen, damit die Pensionskosten der ÖBB-Beamten abgedeckt werden.

ÖBB-Märchen

Die ÖBB versuchen immer, das Pensionsproblem entweder zu leugnen oder zu beschönigen. Und scheuen nicht davor zurück, falsche Zahlen zu verwenden oder Äpfel mit Birnen zu vergleichen. Zwei Beispiele:

1. Aus Anlass des Jubiläums »175 Jahre Eisenbahn für Österreich« druckten die ÖBB ein Plakat in Form eines Weihnachtskalenders mit dem Titel: »Die ÖBB-Märchenstunde«. Da wurden zehn Argumente von ÖBB-Kritikern vorgestellt und als »Märchen« entlarvt. Das Problem bei dieser ÖBB-Märchenstunde: Die von den ÖBB verwendeten Zahlen widersprachen sich selbst.

Zu den ÖBB-Frühpensionen hieß es etwa: »2010 und 2011 ist es gelungen, das durchschnittliche Pensionsalter jeweils um ein Jahr anzuheben. Aktuell liegt es bei 54,3 Jahren. ... ASVG-Beschäftigte scheiden mit ca. 54 Jahren aus dem Erwerbsleben aus.«

Diese Behauptung der ÖBB ist falsch und schon allein deshalb unglaubwürdig, weil bereits im nächsten Satz für ASVG-Beschäftigte die Zahl 58 genannt wird. Was gilt nun: 54 oder 58?

2. Auf der ÖBB-Homepage wendet sich Generaldirektor Christian Kern direkt an die »Kundinnen und Kunden« und schreibt:»Die Komplexität der ÖBB macht es nicht immer leicht, Fakten von Unterstellungen, Vorurteile von Realitäten zu trennen.« Dann behauptet Kern, dass ÖBB-Pensionisten nicht immer mehr Zuschüsse brauchen. Die Statistik zeigt das Gegenteil: ÖBB-Pensionisten kosten den Staat Jahr für Jahr immer mehr Geld – siehe Tabelle Seite 92.

Im siebten Himmel

Das Schlaraffenland schlechthin stellt die Versicherungsanstalt für Eisenbahnen und Bergbau dar – aber nicht für die dort Versicherten, sondern für die ehemals dort Bediensteten. Bei dieser Versicherung sind aber nicht die rund 28 000 ÖBB-Beamten versichert, sondern die etwa 13 500 ganz normalen ÖBB-Bediensteten mit ASVG-Versicherung.

Welche Privilegien die pensionierten Bediensteten der Eisenbahner-Versicherung genießen, hat der Rechnungshof Anfang 2013 aufgezeigt. Neben der normalen ASVG-Pension erhielten sie eine Zusatzpension in der Höhe von 30 261 Euro pro Jahr. Das ergab im Durchschnitt eine Pension von 44 100 Euro im Jahr.

Dieser Betrag liegt höher als das durchschnittliche Gehalt – 42 400 Euro – eines aktiv Beschäftigten dieser Versicherung. Wer Wert auf eine satte Pension legt, sollte sich also um eine Anstellung bei dieser Versicherung bewerben. Die Untersuchung des Rechnungshofes hat außerdem ergeben, dass pensionierte weibliche Bedienstete der Eisenbahner-Versicherung insgesamt weit höhere Pensionssummen erhalten als männliche. Im Durchschnitt erhält eine Frau im Lauf ihrer gesamten Pensionszeit 1,5 Millionen Euro, ein Mann jedoch nur 1,1 Millionen. Verglichen mit dem, was normale Bundesbeamte während der Pensionszeit erhalten, sind diese Summen jeweils doppelt so hoch. Einfach himmlisch.

Drei Beispiele, wie ÖBB-Beschäftigte ihre Privilegien verteidigen

1. Im vergangenen Jahr reichte ein ÖBB-Bediensteter beim Obersten Gerichtshof eine Klage ein. Er will erreichen, dass die Pensionsreform von 2003 rückgängig gemacht wird und er ohne Abschläge bereits mit 52 Jahren statt erst mit 59 in Pension gehen kann. Der Fall liegt nun beim Verfassungsgerichtshof und wird vermutlich nach der Nationalratswahl im September 2013 entschieden werden. Die Eisenbahner-Gewerkschaft spricht bereits von einem »Etappensieg«. Entscheiden die Richter im Sinne des ÖBB-Mitarbeiters, sind weitere 18 000 bis 19 000 Eisenbahner davon betroffen und können ohne Abschläge in Frühpension gehen. Damit würden die Pensionskosten für den Staat dramatisch ansteigen.

2. Als die Tageszeitung *Die Presse* einen Bericht über diese Klage schrieb, gab es dazu im Internet-Forum eine heftige Diskussion. Forumsteilnehmer »Helmut« schrieb: »Ich arbeite 35 Jahre als Lokführer, habe in dieser Zeit jedes Monat 15,8 Prozent Pensionsversicherungsbeitrag bezahlt, um vier bis fünf Prozent mehr als ein ASVG-Pensionist. Genau gerechnet habe ich mir die Frühpension erkauft. ... Wer Milliarden in die EU pulvert, hat auch das bisschen Geld für unsere Pensionisten. Und glaubt mir, sie werden euch einreden, dass 61 Jahre auch noch zu früh sind.« »Helmut« weiß offenbar nicht, dass es andere Bevölkerungsgruppen gibt, die genauso hohe oder sogar höhere Pensionsbeiträge zahlen – ohne Aussicht auf eine Frühpension. Zum Beispiel die Bauern. Oder Selbständige

wie ich, die einen Pensionsbeitrag von 17,5 Prozent zahlen. Die große Mehrheit der Bevölkerung, die nach dem ASVG versichert ist, zahlt aus der eigenen Tasche zwar nur 11,4 Prozent, aber bei ihnen muss der Arbeitgeber weitere 11,4 Prozent dazulegen.

3. Seit der Reform des ÖBB-Dienstrechts im Jahr 1996 müssen sowohl verbeamtete ÖBB-Dienstnehmer als auch -Pensionisten einen Solidarbeitrag zu den Pensionen leisten. Das ist als kleiner Ausgleich zu den hohen Pensionsansprüchen der ÖBB-Beamten gedacht. Die Höhe bewegt sich je nach Geburtsjahr und Pensionsantritt zwischen 1,32 und 5,8 Prozent vom Gehalt beziehungsweise von der Pension. Anfang 2013 führten mehrere Gewerkschaftsgruppen eine Kampagne zur Abschaffung dieses Solidarbeitrages. Prominentester Unterstützer: ÖGB-Präsident Erich Foglar.

6. Vorwärts in die Vergangenheit

65 Kilometer nördlich von Wien an der Grenze zu Tschechien, am Bahnhof Hohenau, hält ein Regionalzug. Ein uniformierter Fahrdienstleiter setzt sich in Bewegung und geht mit einem Zettel in der Hand den Bahnsteig entlang. Als er die Lok erreicht, klopft er mit den Fingerknöcheln an das Fenster und übergibt dem Lokführer den Zettel. Darauf steht in großer Schrift das Wort »Befehl« und kleingedruckt die Anweisung, dass der Zug zwischen den Bahnhöfen Strasshof und Deutsch-Wagram wegen »schlechter Gleislage« langsamer fahren muss.

Befehle

Diese veraltete Art der Kommunikation zwischen einem Fahrdienstleiter und einem Lokführer ist nicht etwa Vergangenheit, sondern lebendige Gegenwart. Wir befinden uns im Zeitalter des Computers, des Internets, des Tablets, des iPhones und vieler anderer technischer Möglichkeiten – aber bei den ÖBB laufen die Uhren anders. Hier werden noch Zettel mit »Befehlen« ausgetragen, von Mann zu Mann.

So etwas findet bei den ÖBB tagtäglich statt, auch auf Strecken mit internationalem Fernverkehr. Ich habe das im April 2013 mit eigenen Augen beobachtet, während einer Fahrt auf dem Führerstand einer Lok, auf der von Wien nach Norden führenden Strecke zur tschechischen Grenze. Laut ÖBB wird derzeit überlegt, diesen Vorgang neu zu gestalten, man wollte aber nicht sagen, wie viele solcher Befehle 2012 erteilt wurden.

Die erste Eisenbahn

Es ist eine geschichtsträchtige Strecke, denn genau hier fuhr die
erste Lok-gezogene Eisenbahn Österreichs – vom Bahnhof Wien
Floridsdorf zum Bahnhof Deutsch-Wagram. Zunächst war es nur
ein Doppelgleis mit einer Länge von vierzehn Kilometern. Aber
so fing alles an. Dieses Bild von rauchenden, stampfenden und
Dampf ausstoßenden Maschinen hat sich bis heute in unser kollektives Bewusstsein und Gedächtnis eingegraben, als Symbol für
den Anbruch eines neuen Zeitalters. Dampfkraft bedeutete Fort-
schritt, Technik und Industrialisierung.

Privat, kein Staat

Das war 1837 und wurde nicht etwa von der K.-u.-k.-Monarchie
in die Wege geleitet und finanziert, sondern von Unternehmern
und Bankiers wie dem damals berühmten Baron Salomon Roth-
schild. Es herrschte Goldgräberstimmung, und die neue Bahn-
linie sollte Eisen und Kohle aus dem Norden des k. u. k. Impe-
riums in die Hauptstadt Wien transportieren. Von Anfang an war
sie aber auch für den schnellen Personentransport gedacht und
als 600 Kilometer lange Bahnstrecke geplant, von Wien in die
nördlichen Provinzen der österreichisch-ungarischen Monarchie
bis nach Mähren und Schlesien. Dazu wurde eine Aktiengesell-
schaft gegründet.

Weil der Kaiser höchstpersönlich den Bau der Strecke genehmigte, wurde sie als Kaiser-Ferdinands-Nordbahn mit seinem Namen geschmückt. Zwei der berühmtesten Ingenieure der
K.-u.-k.-Monarchie, Karl Ritter von Ghega, der später die Semmeringbahn erbaute, und Alois Negrelli, der eine bedeutende
Rolle beim Bau des Suezkanals spielte, erweiterten die Strecke in
den folgenden Jahren über Österreich hinaus bis nach Polen.

Die Lokomotiven wurden aus England importiert. Man zerlegte sie in Einzelteile, brachte sie mit dem Schiff nach Triest und karrte sie mit Pferde-Fuhrwerken über den Semmering nach Wien. Probefahrten und Einschulungen der Lokführer fanden im Wiener Prater statt, zur Belustigung des allgemeinen Publikums. Der erste fahrplanmäßige Personenzug verließ am 6. Jänner 1838 um 9 Uhr 30 den Wiener Nordbahnhof – mit 218 zahlenden Passagieren. In den folgenden Jahren wurde die Strecke laufend weitergebaut bis nach Brünn in Mähren. Bereits vier Jahre nach der Eröffnung schrieb diese Bahn Gewinne. Das blieb so bis zur Verstaatlichung im Jahr 1906, als fast alle Privatbahnen vom Staat übernommen wurden.

Auf einer Lok Richtung Norden

Ich befinde mich nun zum zweiten Mal auf dem Führerstand einer Lok, und erneut habe ich das meinem ÖBB-Informanten Friedrich Z.* zu verdanken. Unser Ausgangspunkt ist die Station Wien Matzleinsdorfer Platz. Mit einem Regionalzug werden wir bis zur Haltestelle Bernhardsthal an der tschechischen Grenze fahren. Obwohl diese Strecke auch von Fernzügen nach Prag, Warschau und Berlin befahren wird, hat sie für das österreichische Eisenbahnnetz nur untergeordnete Bedeutung.

Laut dem Lokführer, der uns auf dem Führerstand mitfahren lässt, gibt es ÖBB-intern bei den großen Investitionen eine klare Rangfolge. Zuerst kommt die Westbahn, dann die Südbahn, dann die Ostbahn und zum Schluss die Nordbahn. Alle anderen Strecken, erklärt er mir, sind für die ÖBB weniger wichtig.

Unser Regionalzug, bestehend aus einer mehr als zwanzig Jahre alten Lokomotive vom Typ 1144, vier Doppelstockwagen und einem Steuerwagen am anderen Ende des Zuges, wird bis zum Zielort 22 Mal anhalten und für die etwa 75 Kilometer lange Strecke eineinhalb Stunden benötigen. Das ergibt eine Durchschnittsgeschwindigkeit von 45 km/h. Wir dürfen an keiner

Stelle schneller als 120 km/h fahren. So steht es im »Buchfahr-plan«, dem Fahrplan für Lokführer.

Die Schnellzüge, die auf dieser Strecke ohne anzuhalten von Wien bis über die tschechische Grenze fahren, kommen auf eine Durchschnittsgeschwindigkeit von 75 km/h. Das ist im Vergleich zur Westbahnstrecke jämmerlich langsam. Aber die ÖBB und die Verkehrspolitiker stört das nicht. Nach der Grenze, in Tschechien, geht es dann wieder schneller voran, mit 160 km/h, mit dersel-ben Lok, mit der auf der österreichischen Strecke gefahren wird.

Auch auf der Nordbahn – zwanzig Zentimeter breiter

Gleich nach dem Ende des Zweiten Weltkriegs wurde auf der Nordbahnstrecke mit dem Wiederaufbau begonnen, mit einem Gleisabstand von vier Metern. Inzwischen sind einige Teilstücke nach Hochwasserschäden auf 4,70 Meter verbreitert worden, und so wie auf der Südbahn wechseln wir nun zwischen diesen beiden Abständen in einer Schlangenlinie hin und her.

Und so wie auf der Südbahn kann man auch hier vermuten, dass hinter den 4,70 Metern Gleisabstand Schlawinerei im Spiel war (siehe dazu Seite 43). Selbst im Hinblick auf die künftige Ent-wicklung wäre ein Gleisabstand von höchstens 4,50 Metern not-wendig. Studenten der Technischen Universität Wien erzählen sich, die zwanzig Zentimeter seien ein Geschenk an die öster-reichischen Schotterfirmen gewesen. Breitere Strecke = mehr Schotter.

Planungsfehler mit System

Von unserem Ausgangspunkt führt das Gleis zunächst in öst-licher Richtung. Wir lassen den neuen Wiener Hauptbahnhof ohne anzuhalten rechts liegen und biegen dann erst Richtung

Norden ab. Währenddessen erklärt mein Informant Friedrich Z. die gleistechnischen Fehler, die beim Neubau des Hauptbahnhofes gemacht wurden.

Dort gibt es Aus- und Einfahrweichen, über die man nur mit 40 anstatt 60, 80 oder 100 km/h fahren kann. »Das sind«, sagt Friedrich Z. grimmig, »typische Planungsfehler von Leuten, die von der Fahrdynamik auf der Eisenbahn keine Ahnung haben!«

Die langsame Fahrweise hat nämlich zur Folge, dass auf einem Gleis weniger Züge fahren können, als dies bei einer höheren Geschwindigkeit möglich wäre. Daraus entstehen dann sehr schnell Kapazitätsengpässe.

Derartige Weichen gibt es nicht nur am Hauptbahnhof, sondern auch auf vielen anderen Bahnhöfen wie Wien West oder Wiener Neustadt; und auch bei unserer nächsten Haltestelle, Wien Rennweg. Sowohl die Einfahr- als auch die Ausfahrweiche erlauben nur Geschwindigkeiten von 40 km/h.

Wir haben es hier, erklärt Friedrich Z., mit einem generellen Problem der ÖBB zu tun: Einerseits baut man sündteure neue Strecken für hohe Geschwindigkeiten, andererseits fügt man viele Stellen ein, wo man langsamer fahren muss.

Die ÖBB erklären, dass Gleise für den Wechselbetrieb keine höheren Geschwindigkeiten erfordern, weil sie nur in Ausnahmefällen notwendig sind. Diese Behauptung führt in die Irre. Beispielsweise muss der Schnellzug von Prag nach Wiener Neustadt und retour in Wiener Neustadt routinemäßig bei der Ein- und Ausfahrt über eine 40 km/h-Weiche fahren.

Langsamer als erlaubt

Am Bahnhof Wien Praterstern passieren wir bei der Ausfahrt eine Weiche, die für 100 km/h gebaut wurde – hier dürfen wir allerdings nur 80 fahren. Warum? Vermutlich deshalb, weil die ÖBB-Infrastruktur, die diese Strecke gebaut hat, auch für die Instandhaltung zuständig ist. Und wenn man nur 80 anstatt 100 fährt, wird die Weiche weniger abgenutzt, und die Instandhaltung kommt langfristig billiger. Und warum wurde dann eine Weiche für 100 km/h gebaut? – »Das«, erklärt Friedrich Z., »wissen wohl nur Eingeweihte, und die behalten die Antwort für sich.«

Jedenfalls sammeln wir aufgrund der Streckenverhältnisse bereits auf den ersten sechs Kilometern sechs Minuten Verspätung an. Wenn wir so schnell fahren dürften, wie es die Anlage der Strecke erlaubt – bis zu 160 km/h –, wäre es kein Problem, das in kürzester Zeit wieder aufzuholen.

Deutsch-Wagram heute

Deutsch-Wagram, der Ausgangspunkt der österreichischen Eisenbahn, ist heute eine heruntergekommene Haltestelle ohne Glanz und ohne Gloria. Alles wirkt wie ein Provisorium. Selbst die Schienen flattern hier im Bahnhofsbereich unruhig hin und her. Es ist schwer, festzustellen, wo der Bahnhofsbereich beginnt und wo er endet. Von der glorreichen Vergangenheit ist nichts mehr zu sehen.

Also nichts wie weg hier, um die verlorene Zeit aufzuholen! Das geht aber leider nicht so schnell wie gewünscht, denn bei der Ausfahrt werden wir durch eine kurze Weiche gebremst, die nur eine Geschwindigkeit von 50 km/h erlaubt.

Immer schön langsam

Das scheint das heimliche Motto der ÖBB zu sein. Nach etwa 22 gefahrenen Kilometern müssen wir ohne vorherige Verständigung auf offener Strecke anhalten. Ein vor uns haltender Zug zwingt uns zu einem Zwischenstopp.

Danach kommen wir auf eine etwa acht Kilometer lange

Strecke, auf der 1986 zu Versuchszwecken bereits 240 km/h gefahren wurden. Mit einigen flankierenden Maßnahmen wären heute im Planbetrieb ohne weiteres 160 km/h möglich. Aber die ÖBB-Infrastruktur AG will es nicht, und so dümpeln wir mit 120 km/h dahin. Die ÖBB erklären dazu, die Geschwindigkeit sei aus technischen Gründen begrenzt. Ein Ausbau auf 160 km/h sei im Zielnetz 2025 vorgesehen.

Ein »neues« Sicherheitssystem für die Bahn

Bei Kilometer 40 nördlich von Wien könnten wir wieder problemlos mit 160 km/h fahren, müssen uns aber erneut auf 120 beschränken. Auf diesem Streckenteil wurde bereits mit der Ausrüstung für das neue »European Train Control System 2« (ETCS 2) begonnen. Es handelt sich um ein EU-Projekt mit dem Ziel, die Eisenbahnen aller europäischen Länder mit demselben Sicherheitssystem auszustatten.

Das läuft unter dem Brüsseler Zauberwort »Interoperabilität«. Damit soll sichergestellt werden, dass es in Europa für die Bahn keine technischen Grenzen mehr gibt. Züge aus Ungarn sollen ohne Lokomotivenwechsel bis nach Spanien oder Portugal fahren können, Züge aus Berlin bis Süditalien oder Slowenien. So etwas würde den Fernverkehr zweifellos vereinfachen, denn bis jetzt verwendet jedes EU-Land seine eigene Sicherheitstechnik.

Bis jetzt ist das aber nicht mehr als ein großer Plan.

Welches System?

Die entscheidende Frage bei der Umsetzung neuer Ideen lautet immer: Ist das geplante System schon ausgereift? Und wer bezahlt das? Weil kein einziges europäisches Land für die »Interoperabilität« der Bahnsicherheit Geld ausgeben will, stellt die EU für den Probebetrieb Förderungen in der Höhe von fünfzig Prozent in Aussicht. In Österreich wirkt so etwas immer verlockend, und so begannen die ÖBB ab 1998 auf einer ausgewählten Strecke und mit einigen Lokomotiven das vielgepriesene Zugsicherungssystem ETCS 1 zu installieren.

Da bei der EU zwischen Planung und Ausführung immer viele Jahre vergehen, stellte sich irgendwann heraus, dass das neue, technisch unausgereifte System für bestimmte Strecken ungeeignet ist. Was nun? Sollte man alles stoppen und zugeben, aufs falsche Pferd gesetzt und viele Millionen unnötig verbraten zu haben?

Mittlerweile hatte die EU erkannt, dass die erhoffte »Interoperabilität« nicht die erwarteten Fortschritte machte – und beschloss 2005, die bereits weiter entwickelte Variante ETCS 2 zu fördern, die auch Geschwindigkeiten über 160 km/h erlaubt.

Die ÖBB aber machten einfach weiter mit ETCS 1 und entschieden sich erst 2009 für die Verwendung von ETCS 2. Das bedeutet, dass Strecken, die mit ETCS 1 ausgebaut wurden, irgendwann auf ETCS 2 hochgerüstet werden müssen, wenn man schneller als 160 km/h fahren will.

Dazu kommt, dass jedes einzelne europäische Land weitere Änderungen verlangt oder Besonderheiten hinzufügt und die angestrebte »Interoperabilität« noch weiter erschwert.

Milliarden für alt und neu

Europaweit wird dieses Flickwerk wohl viele Milliarden kosten. Wie viel Österreich zahlen wird, geht aus ÖBB-internen Dokumenten hervor. Laut einem Vertrag zwischen der ÖBB-Produktion GmbH und dem Verkehrsministerium vom 23. Dezember 2011 sind allein für den »Projektstart« von ETCS 2 zur Aus- und Umrüstung von Lokomotiven rund 122 Millionen Euro eingeplant. Die Ausrüstung der Bahnstrecken mit ETCS 2 wird weit mehr kosten. Insider rechnen bis 2021 mit einer halben Milliarde Euro. Etwa die Hälfte davon wird von der EU bezahlt.

Mit dem billigeren System ECTS 1 sollen in Österreich bis zu diesem Zeitpunkt knapp tausend Kilometer Bahnstrecke ausgerüstet werden, bei Kosten von insgesamt rund 117 Millionen Euro. Die ÖBB erklären, beide Systeme – ECTS 1 und 2 – hätten ihre spezifischen Anwendungsfälle.

ÖBB-Funk- und -Sicherheitslöcher

ECTS 2 ist seit Ende 2012 zwischen St. Pölten und Wien bereits in Betrieb, wird jedoch immer noch getestet. Auch das damit in Zusammenhang stehende neue Funknetz GSM-R wird noch erprobt. Unser Lokführer ist davon überhaupt nicht begeistert. Es sei schlechter als das bestehende, meint er, weil es mehrere Sekunden dauert, bis die Leitung in Gang kommt. Im Notfall, wenn alles schnell gehen muss, kann das tödlich sein.

Derzeit ist es so, dass in manchen Stationen Funklöcher auftreten und das System zeitweise nicht empfangsbereit ist. Das könnte dazu führen, dass Lokführer Notrufe überhören.

Zu viel Sicherheit

»Bei der Sicherheit sollte man nicht sparen«, erklärt Gebhard Pocher*.»Aber«, fügt er hinzu,»man kann auch übertreiben.« Ein Kollege berichtete ihm von der Anordnung eines hohen Ministerialbeamten, bei einer Messeinrichtung auf österreichischen Lokomotiven einen aufwendigen und kostspieligen Explosionsschutz einzubauen, der im übrigen Europa nicht notwendig war und nach wie vor nicht notwendig ist. Bei den Hunderten von ÖBB-Lokomotiven bedeutete das eine Verteuerung von vielen

Millionen Euro. Weder die wirtschaftlichen noch die technischen Argumente konnten den Beamten umstimmen.

Weltfremde EU

Die bedeutendste Quelle für unnötige Sicherheitsmaßnahmen ist der Tunnelbau. Dort wird am meisten Geld verbraten, meint der auf unserer Lok mitfahrende Friedrich Z. Schuld daran, sagt er, sei die EU mit ihren weltfremden Sicherheitsvorstellungen. Denn obwohl es gravierende Unterschiede zwischen dem Straßen- und Schienenverkehr gibt, haben die Behörden in Brüssel die Sicherheitsvorschriften für Straßentunnel im Jahr 2001 fast unverändert auf Bahntunnel übertragen. Das kommt uns teuer zu stehen.

Unterschiede Schiene – Straße

Anschaulich erläutert Friedrich Z. die unterschiedlichen Risiken bei Straßen- und Bahntunneln. Für die EU zählt das aber nicht:

- Züge geraten in Bahntunneln nicht auf die Gegenfahrbahn – bei Autos in Straßentunneln mit Gegenverkehr passiert das immer wieder.
- Züge fahren auch in Bahntunneln nicht zu schnell – hingegen gibt es in Straßentunneln keine Garantie dafür, dass sich Autofahrer an Geschwindigkeitsbegrenzungen halten.
- Züge werden regelmäßig technisch überprüft – bei Autos gibt es zwar die Vorschrift, alljährlich eine technische Überprüfung durchführen zu lassen (das §-57 a-»Pickerl«), eine Überschreitung des Kontrolltermins hat aber keine unmittelbaren Konsequenzen.
- Züge fahren nicht mit Wagen, deren Langträger durchgerostet ist – bei Autos kommt so etwas immer wieder vor.
- Lokführer sind nicht zu lange im Dienst – im Straßenver-

kehr kommt es häufig vor, dass Fahrer ohne Pause zu lange am Steuer sitzen und wegen Übermüdung einschlafen.

- Fällt ein Lokführer in den Sekundenschlaf, so erfolgt durch eine spezielle Sicherheitseinrichtung eine Zwangsbremsung.
- Wenn ein Zug bei einem Haltesignal nicht stoppt, wird der Zug automatisch gebremst – bei Autos gibt es so etwas nicht.
- Bei Zügen sind gefährliche Gütertransporte deklariert und bekannt – bei Gütertransporten auf der Straße wird diese Vorschrift gerne umgangen.

Sicherheit kann gefährlich sein

Zur Gewährleistung der Sicherheit von Reisenden gibt es bei der Eisenbahn zwei gegensätzliche Tendenzen: einerseits zu viel, andererseits zu wenig. Einige Vorfälle lassen darauf schließen, dass sich die ÖBB in manchen Bereichen zu wenig um die Sicherheit der Kunden kümmern.

In der ÖBB-Gewerkschaftszeitung *Makrofon* konnte man im Juni 2011 nachlesen, wie das Management auf einen technischen Prüfer reagierte, der bei einem Railjet einen »gefährlichen« Schaden entdeckte und den Zug deshalb aus dem Verkehr ziehen ließ. Weil das zu einer Zugverspätung führte, forderte ein hochrangiger ÖBB-Manager die Vorgesetzten des Prüfers auf, diesen »bis auf weiteres nicht mehr auf Zügen der Personenverkehr AG einzusetzen«. Der Prüfer wehrte sich gegen diese Maßregelung, und erst als die Sache heftige firmeninterne Diskussionen verursachte, ruderte das Management zurück.

Unzureichende Schulungen

Im selben Jahr – 2011 – begannen die ÖBB damit, Personal einzusparen. Der Plan sah vor, Schnellbahnen in Zukunft ohne Schaffner zu führen; oder wie es in der neuen Bahnsprache heißt: ohne Zugbegleiter. Das bedeutete, den Lokführer zum Allein-Verantwortlichen zu machen, auch für die Sicherheit der Reisenden. Derartige organisatorische Veränderungen werden in Firmen üblicherweise von umfangreichen Umschulungen begleitet. Die Art und Weise, wie das bei den ÖBB geschah, führte zu heftiger Kritik am Management. Die ÖBB erklärten Anfang Juli 2013, dass vor der Ausweitung des zugbegleiterlosen Betriebs alles mit dem Betriebsrat abgestimmt wurde. Es seien ausreichende Schulungen und Nachschulungen mit Lernzielkontrollen durchgeführt worden.

Hilflose Helfer

Während unserer Fahrt auf der Nordbahn erzählte Friedrich Z. von Lokführer R., der im Oktober 2011 in einem firmeninternen Schreiben Kritik an der »unübersehbaren Zahl« von Dienstanweisungen, Aushängen, Mails, Video-Botschaften, fehlerhaften Signal-Aufstellungen und Widerrufen im Befehlsbuch geäußert hatte. Einige Wochen später nahm ich Kontakt mit Lokführer R. auf, der wegen seiner Kritik am schaffnerlosen Personenverkehr in große Schwierigkeiten geraten war. Es genüge nicht, hatte er schriftlich bemängelt, ihm ein paar Stunden Frontalunterricht zu erteilen sowie eine Dienstanweisung und eine sechzehnseitige »Richtlinie« für Notfälle auszuhändigen.

Denn wie solle er, ohne je geprobt zu haben, in einem Notfall folgende Entscheidungen treffen:
– auf welche Weise die Reisenden evakuiert werden müssen
– was zu tun ist, wenn er selbst verletzt und handlungsunfähig ist
– was zu tun ist, wenn die Zugbremsen – wie beim Unfall in Braz – nicht funktionieren
– wie er mit panischen Reisenden umgehen soll

- wie er einen Brand im Tunnel wirksam bekämpfen soll
- wo die Fluchtwege sind, die er nie zuvor begangen hat
- wie die Rettungsfahrzeuge einzuweisen sind

Zu Hilfe

Lokführer R. kritisierte auch, dass viele seiner Kollegen nicht einmal Gelegenheit gehabt hatten, Erste-Hilfe-Kurse zu absolvieren. Bei Führerschein-Prüfungen im Straßenverkehr sei so etwas verpflichtend. Zusammenfassend schrieb er, dass die ÖBB ihn und seine Kollegen nicht in die Lage versetze, im Notfall richtig zu reagieren. Das sei fahrlässig gegenüber den Fahrgästen. Fünf Wochen lang bemühte er sich, bei seinen Vorgesetzten konkrete Antworten auf seine Fragen zu erhalten – erfolglos. Schließlich schickte er am 7. November 2011 eine E-Mail an Betriebsräte und ÖBB-Manager, unter anderem auch an Generaldirektor Christian Kern, in der er seine Kritik wiederholte und Antworten auf seine Fragen einforderte.

Zur Strafe

Zwei Tage später teilte ihm die ÖBB-Produktion GmbH mit, er sei nun »definitiv außer Dienst gestellt«. Denn, so lautete die Begründung, es müsse bei ihm »eine teilweise Unkenntnis der Betriebsvorschriften angenommen werden«. Außerdem spreche er selbst in seiner E-Mail die Vermutung aus, sich in bestimmten Situationen falsch zu verhalten. Für eine Wiederzulassung als Lokführer müsse er eine Prüfung ablegen und sich einem »Mitarbeitergespräch« bei einer Führungskraft unterziehen.

Das war aber noch nicht alles. Als zusätzliche Strafe für seine unbequemen Fragen wurde er zum Waschen von Loks und zum Mistsammeln eingeteilt. Dass man ihn bei der Prüfung zur Zulassung als Lokführer zweimal durchfallen ließ, empfand er als Mobbing. Trotzdem ließ er sich nicht kleinkriegen, und nach dem dritten Versuch erlaubte man ihm endlich wieder, als Lokführer zu arbeiten.

Am Ziel

Unseren Zielbahnhof Bernhardsthal erreichen wir mit fünf Minuten Verspätung. Auch hier werden wir wegen einer sehr kurzen Weiche gezwungen, unsere Fahrt drastisch zu verlangsamen. Für die Rückfahrt nach Wien verlassen wir den Steuerwagen und begeben uns zur Lokomotive ans andere Ende des Zuges. Und können erst mit zehn Minuten Verspätung abfahren.

Bei Kilometer 55 zeigt uns ein Signal am Oberleitungsmast, dass wir hier 140 km/h fahren dürfen. Im »Buchfahrplan« steht aber die Zahl 120, also müssen wir die Geschwindigkeit auf 120 km/h verringern. Warum? Der Lokführer weiß es nicht. Wir haben es hier mit einer sogenannten Langsamfahrstelle zu tun – einer österreichischen Spezialität.

Der Rechnungshof kritisiert

Vor einigen Jahren gab es derart viele Langsamfahrstellen und daraus folgend Zugverspätungen, dass 2009 der Rechnungshof eingeschaltet wurde. Die Prüfer notierten 320 derartige Hindernisse. Als Ursache wurden meist technische Gründe angegeben, etwa Gleisschäden. Die für die Instandhaltung verantwortliche ÖBB-Infrastruktur AG ist laut Gesetz verpflichtet, solche Schäden rasch zu beheben. Tatsächlich war es aber so, dass sich dieses Unternehmen für Reparaturen oft viel zu viel Zeit ließ.

Unser Lokführer erklärt mir, in der Praxis sei es so, dass Schäden oft wochenlang nicht behoben werden. Es komme sogar vor, dass angeordnete Reparaturen zwar als erledigt vermerkt, aber gar nicht durchgeführt werden. Dann wird die Langsamfahrstelle zeitlich halt verlängert.

Der Rechnungshof wird hinters Licht geführt

Nach der Kritik des Rechnungshofes an der hohen Zahl von Langsamfahrstellen besserte sich die Situation. In einer Nachkontrolle im Jahr 2012 war die offizielle Zahl um mehr als die Hälfte auf 152 zurückgegangen. Wie das? Unser Lokführer erklärt mir, welche Möglichkeiten die ÖBB hat, um die offizielle Statistik zu verbessern.

Trick eins

Immer schon, auch 2009, als der erste Rechnungshofbericht erschien, erhielt jeder Lokführer alle zwei Wochen eine aktualisierte Broschüre »La«, in der die Langsamfahrstellen seines Streckenbereichs verzeichnet waren. Unser Lokführer hat den Eindruck, dass seit Erscheinen des Rechnungshofberichts Langsamfahrstellen vermehrt nicht mehr in dieser Broschüre aufscheinen, sondern den Lokführern in Form von einzelnen »Befehlen« am Bahnsteig übergeben werden – oft über Tage und Wochen hinweg.

Die ÖBB erklärten Anfang Juli 2013, die Anzahl dieser »Befehle« bewege sich »in einem üblichen Rahmen«. Laut unseren Informationen erhält ein Lokführer pro Monat im Durchschnitt etwa ein Dutzend »Befehle«. Multipliziert man das mit der Anzahl der ÖBB-Lokführer – mehr als 4000 –, ergibt das eine Zahl von etwa 50 000 »Befehlen«, welche die ÖBB pro Monat austeilen. Ein üblicher Rahmen?

Trick zwei

Eine weitere Maßnahme zur Verbesserung der Statistik besteht darin, Langsamfahrstellen aus den »La«-Broschüren zu streichen und im »Buchfahrplan« der Lokführer als verminderte Geschwindigkeiten vorzuschreiben. Derartige Langsamfahrstellen bleiben oft jahrelang bestehen. Ein Beispiel:

In Himberg im Süden Wiens ereignete sich 2003 ein Unfall, bei dem dreizehn Kesselwaggons entgleisten und 400 000 Liter hochexplosives Methanol in den Untergrund austraten. Nach den Aufräumarbeiten wurde dies eine Langsamfahrstelle mit 80 statt 140 km/h, die auch in der »La«-Broschüre verzeichnet war – bis zum Erscheinen des Rechnungshofberichts im Jahr 2009. Dann wurde sie aus der Broschüre gestrichen und stattdessen in den »Buchfahrplan« für den Lokführer aufgenommen. Die Folge davon ist, dass die Langsamfahrstelle zwar immer noch existiert, jetzt aber nicht mehr in der Statistik aufscheint.

Auf Anfrage teilten die ÖBB mit, dass es am 1. Juni 2013 nur noch 57 Langsamfahrstellen gab, mit weiter fallender Tendenz. Diese Zahl ist mit Sicherheit falsch. Zählt man in den von den Lokführern benutzen Unterlagen alle Langsamfahrstellen in Österreich zusammen, kommt man für den 1. Juni 2013 auf eine Zahl von 240 – das sind mehr als viermal so viele! Gibt es bei den ÖBB offizielle Zahlen für die Öffentlichkeit und echte Zahlen, die man unter Verschluss hält?

Hohe Kosten für kurzes Abbremsen

Die Kosten von Langsamfahrstellen – egal, ob es sich um Befehle handelt oder ob sie in der Broschüre oder im »Buchfahrplan« aufscheinen – sind enorm. Denn jedes Abbremsen und wieder Beschleunigen ist mit hohem Energieverbrauch verbunden und damit teuer. Bezahlt wird das aber nicht vom Verursacher – der

ÖBB-Infrastruktur AG –, sondern von allen privaten und staatlichen Unternehmen, welche die Strecke benützen.

ÖBB – Bremsen und Gas geben

Halten wir fest: Die ÖBB können sich manchmal nicht entscheiden, was sie wollen: bremsen oder Gas geben. Einerseits fahren sie meist langsamer als notwendig. Andererseits gibt es Pläne für winzige Streckenbeschleunigungen, die Milliarden Euro kosten.

1,65 Milliarden für fünf Minuten Beschleunigung

Im April 2013 gaben die ÖBB in einer Pressekonferenz den Plan für eine zwanzig Kilometer lange Strecke von Salzburg in Richtung Osten bis Köstendorf bekannt, die großteils in einem Tunnel verläuft. Kosten: 1,65 Milliarden Euro. Zeitersparnis: lediglich fünf Minuten.

Man reibt sich die Augen und fragt sich: Sind die verrückt geworden? 1,65 Milliarden Euro, um fünf Minuten schneller zu sein? Ja, es ist wahr! Weil man aus Erfahrung weiß, dass die Baukosten am Ende oft sehr viel höher sind, kann man realistischerweise von Kosten in der Höhe von zwei bis drei Milliarden ausgehen.

Laut Helmut Mödlhammer, Präsident des Österreichischen Gemeindebundes und Bürgermeister der vom Streckenverlauf profitierenden Gemeinde Hallwang, ist das eine Situation, bei der alle gewinnen: die ÖBB, die Anrainer und auch die Umwelt. Die richtig großen Gewinner – Planungsfirmen, Baukonzerne, Banken – erwähnt er genauso wenig wie die großen Verlierer. Das sind die Steuerzahler, die das finanzieren.

Von der EU gefördert

In der Pressekonferenz zur Bekanntgabe dieses Milliarden-Projekts wurde auf die europäische Bedeutung dieses Streckenabschnitts verwiesen. Es handle sich um einen »Teil der Linie Paris – Bratislava«. Das heißt, es wird von der EU auf Teufel komm raus gefördert, mit bis zu vierzig Prozent aller Kosten. Ob das sinnvoll ist, spielt keine besondere Rolle. Sehen wir uns an, welchen Nutzen die Bahnstrecke von Paris über Wien nach Bratislava hat.

Die EU träumt – von Wien nach Paris

Weil die ÖBB-Homepage Scotty ein einziges Ärgernis ist, rufe ich die zentrale Service-Telefonnummer an. Ohne Wartezeit lande ich bei einem freundlichen, kompetenten Mitarbeiter. Und frage nach einer direkten Zugverbindung Wien – Paris.

Nein, erklärt er mir, so etwas gibt es schon seit fünf Jahren nicht mehr. Ich müsse zumindest einmal umsteigen, in München. 400 Euro kostet die Fahrt hin und retour mit Vorteilscard, wenn man ab München den Schlafwagen benutzt. Aber wer tut das schon? Heutzutage fliegt man – das ist schneller und billiger.

Offenbar hat die EU diese Entwicklung verschlafen. Warum, so fragt man sich, legt die EU so viel Wert darauf, den Ausbau von Bahnstrecken zwischen so weit auseinander liegenden europäischen Städten mit vielen Subventionsmilliarden voranzutreiben, wenn es keinen Bedarf dafür gibt? Man kann sich jede beliebige transeuropäische Strecke (TEN-T) herauspicken, und es ist überall dasselbe:

Die EU träumt von durchgehenden schnellen Bahnverbindungen, die Europa von einem Ende zum anderen verbinden, die kein Mensch braucht. Für so weite Strecken benutzt man das Flugzeug.

Von Wien nach Bratislava – bitte warten

Die hehre Idee von schnellen europäischen Bahnverbindungen funktioniert ja nicht einmal zwischen Wien und Bratislava. Obwohl diese beiden Hauptstädte nur 54 Kilometer voneinander entfernt sind, benötigt man dafür eine Stunde. Wenn die ÖBB wollten, könnten sie auf dem nördlich gelegenen, 35 Kilometer langen Streckenteil zwischen Stadlau und Marchegg wieder ein zweites Gleis verlegen und alles elektrifizieren. Das würde drei Jahre dauern, und man wäre in einer Dreiviertelstunde in Bratislava. Und zwar für einen Bruchteil jener 1,65 Milliarden Euro, welche die ÖBB für eine Dreißig-Kilometer-Strecke bei Salzburg planen.

Andreas Malath*, viele Jahre hochrangiger Manager der ÖBB, erklärt, dass die Sozialdemokraten immer dagegen waren, mit dem Argument:»Wir wollen die Tschuschen net a no herholen mit einem attraktiven Verkehrsangebot!« Malath findet das dumm. Denn so ein Projekt hätte man in sehr kurzer Zeit realisieren können – mit weit höherem Nutzen für die Wirtschaft als die monströsen Tunnelprojekte. Aber weil die Ostbahnstrecke nach Marchegg weitgehend gerade und eben verläuft, könne man hier keine Tunnel bauen.

Im Frühjahr 2013 verkündeten die ÖBB einen Investitionsplan für diese Strecke. Da hieß es, die Ostbahnstrecke über Stadlau und Marchegg zur Staatsgrenze werde ausgebaut und elektrifiziert. Der Fertigstellungstermin ist jedoch in weiter Ferne – 2030. ÖBB im Schneckentempo.

Auf der südlich der Donau gelegenen Bahnverbindung zwischen Wien und Bratislava/Petržalka gibt es ein anderes Problem. Ein Großteil der Strecke wurde bereits vor vielen Jahren für Geschwindigkeiten bis 250 km/h ausgebaut. Die dort eingesetzten Regionalzüge sind jedoch nur für Geschwindigkeiten bis 140 km/h geeignet. Die ÖBB folgen hier offenbar dem Grundsatz: Nur nicht zu schnell fahren!

Aus Prinzip verspätet

Auch wir – Friedrich Z., unser Lokführer und ich – müssen uns diesem Grundsatz beugen. Unseren Zielort Matzleinsdorfer Platz in Wien erreichen wir mit sechs Minuten Verspätung.

7. Güter hin, Güter her

Straße statt Schiene

»Der LKW überzeugt durch Geschwindigkeit und Flexibilität. Unabhängig davon, ob gekühlte Ware nach Kroatien, Papier nach Griechenland, Haushaltsartikel von Süd- nach Nordeuropa befördert werden sollen – wir haben die passende Lösung.« Diese Werbung für Straßentransporte stammt nicht von einem LKW-Unternehmen, sondern von einer Tochterfirma der ÖBB, die in diesem Fall offenbar auf »Straße statt Schiene« setzt. Und zwar nicht nur in Europa, sondern auch in »Zentralasien«, wie die Homepage der »Express Interfracht« voller Stolz verkündet. Gemessen am Umsatz – 640 Millionen Euro im Jahr 2011 – zählt diese ÖBB-Tochterfirma zu den ganz großen österreichischen Transportfirmen. Der Gewinn ist mit einer Million Euro zwar nur minimal, aber immerhin – es ist ein Gewinn. Denn im Jahr zuvor hatte die Firma einen Verlust von achtzehn Millionen Euro erwirtschaftet.

Die »Express Interfracht« ist auch im Ausland tätig und hat ihren Fuhrpark von 98 LKW im Jahr 2009 auf derzeit 250 vergrößert. Einer Firmen-Präsentation hochrangiger Güterverkehrsmanager der ÖBB vom April 2013 ist zu entnehmen, dass die »Express Interfracht« im Jahr 2012 insgesamt 22 Prozent ihres Umsatzes – also rund 200 Millionen Euro – nicht mit der Bahn erzielte.

In einer offiziellen Stellungnahme vom 9. Juli 2013 erklärten die ÖBB, dass lediglich acht LKW im Besitz ihrer Gütersparte stehen und deshalb auch kein entsprechender Umsatz mit LKW erzielt wird. Diese Aussagen stehen in krassem Widerspruch zu hauseigenen ÖBB-Veröffentlichungen.

Gütertransport in Österreich – wohin geht die Reise?
(laut Daten der Statistik Austria)

1. Von 2000 bis 2008 gab es sowohl auf der Straße als auch auf der Schiene einen starken Anstieg des Güterverkehrs. Seit Beginn der Finanz- und Wirtschaftskrise im Jahr 2008 geht es in beiden Bereichen aber wieder eher bergab.

2. Zwischen 2000 und 2012 ist der Gütertransport, gemessen in Tonnen, sowohl auf der Schiene als auch auf der Straße um insgesamt etwa zwanzig Prozent gestiegen. Das entspricht einem jährlichen Zuwachs von lediglich 1,7 Prozent. Sowohl auf der Straße als auch auf der Schiene werden derzeit aber weniger Güter transportiert als noch im Jahr 2006.

3. 2012 ist der Gütertransport, gemessen in Tonnen, im Vergleich zum Vorjahr auf der Schiene um rund acht Prozent und auf der Straße um rund drei Prozent zurückgegangen.

»Express Interfracht«

Die »Express Interfracht« ist eine Firma mit schillernder Vergangenheit. Ursprünglich gehörte sie der Kommunistischen Partei Österreichs, bis sie 1999 an die ÖBB verkauft wurde. Der aktuelle Geschäftsbericht birgt eine Überraschung:

Die Firma steht nicht in alleinigem Eigentum der ÖBB-Gütersparte »Rail Cargo Austria«, sondern weist als Ko-Gesellschafterin die prominente Anwaltskanzlei »Lansky, Ganzger & Partner« aus, mit einem Anteil von 0,01 Prozent. Diese kam vor einigen Jahren ins Gerede, weil sie von den ÖBB einen Pauschalvertrag über 4,5 Millionen Euro für Rechtsberatung der ÖBB erhalten hatte (siehe Seite 157).

Was steckt hinter der ungewöhnlichen Beteiligung von Lansky und Co. an der »Express Interfracht«?

Rechtsanwalt Gabriel Lansky erklärte Ende Juni 2013, dass die

Kanzlei grundsätzlich keine Stellungnahme zu Klientenbeziehungen abgebe. Die ÖBB erklärten am 9. Juli 2013, die Anwaltskanzlei halte diesen Anteil treuhändisch. Dies gehe auf eine gesellschaftsrechtlich-strukturelle Entscheidung zurück und habe steuerrechtliche Gründe. Steuerrechtliche Gründe?

Güterverkehr auf Straße und Schiene

So wie in anderen europäischen Ländern gibt es auch in Österreich nur ungenaue Daten zum Güterverkehr auf der Straße. Das hängt mit den Vorschriften der EU und der Art der Datenerhebung zusammen. Relativ genau sind laut Statistik Austria nur die Zahlen, die sich auf die in Österreich registrierten LKW und den Schienentransport stützen. In der öffentlichen Diskussion über den Güterverkehr werden meist nur diese Zahlen verwendet. Und das, obwohl hier auch zahlreiche ausländische LKW unterwegs sind, deren Daten und Transportleistungen gar nicht oder nur ungenau erfasst werden. Werden auch sie in der Statistik berücksichtigt, kommt man bei der in Tonnen gemessenen Gütermenge auf Zahlen, die um etwa dreißig Prozent höher sind.

Beispielsweise liest man in diversen Veröffentlichungen, dass 2010 rund 330 Millionen Tonnen Güter auf Österreichs Straßen transportiert wurden. Inklusive der ausländischen LKW waren es aber mindestens 430 Millionen Tonnen. Damit verschiebt sich auch der tatsächliche Anteil des Gütertransports auf der Straße gegenüber dem der Schiene – von 65 Prozent auf siebzig Prozent. Und dementsprechend verringert sich der Anteil der Schiene von dreißig auf nur achtzehn Prozent. Weitere zehn Prozent werden über Rohre transportiert und zwei Prozent auf der Donau (laut österreichische Verkehrsstatistik 2010, Statistik Austria 2012).

Güterverkehr auf der Schiene – hoffnungslos im Nachteil
Beim Straßentransport von Gütern existieren in Europa fast keine Grenzen mehr – überall herrschen dieselben Regeln und alle LKW können ungehindert durchfahren. Beim Schienentransport hingegen hat jedes Land

eigene Regeln, und fast jede Grenzüberschreitung kostet Zeit und Geld. Deshalb ist die Schiene gegenüber der Straße hoffnungslos im Nachteil.

Drei Länder, drei Bahnregeln

Beim Güterverkehr von Deutschland über Österreich nach Italien müssen drei verschiedene Bahngesetze beachtet werden. In Deutschland und Österreich wird rechts gefahren, in Italien links. In Deutschland und Österreich benötigt man nur einen Lokführer, in Italien aber zwei. Lokführer aus Deutschland oder Österreich dürfen in Italien nur fahren, wenn sie Italienisch sprechen.

Italien hat für seine Bahn eine andere Netzspannung als Deutschland oder Österreich, deshalb benötigt man für den grenzüberschreitenden Verkehr Mehrsystem-Loks, die um ein Drittel mehr kosten als Loks, die nur für eine Netzspannung gebaut sind.

In Italien muss am Ende jedes Zuges ein Leuchtbaum mit roten Dioden aufgesteckt sein, in Deutschland genügt eine Scheibe mit reflektierender Folie. In Österreich muss die Lok auch tagsüber mit vollem Licht fahren, in Deutschland nur mit Abblendlicht. Und so weiter.

Korruptionsverdacht im ÖBB-Güterverkehr

Beim Güterverkehr zeigt sich anschaulich, was passieren kann, wenn sich Staat und Privat die Hände reichen. Wobei die Rollen meist nach folgendem Schema verteilt sind: Gewinne werden privatisiert und Verluste vergesellschaftet. Ein idealer Nährboden für Korruption.

Als Christian Kern 2010 Generaldirektor der ÖBB wurde, setzte er nicht nur die Sanierung defizitärer Geschäftsbereiche in Gang, sondern auch die Durchleuchtung fragwürdiger Praktiken bei Gütertransport-Firmen. Laut Medienberichten zeigten die ÖBB im Jahr 2011 zahlreiche Manager an, und das Bundesamt für Korruptionsbekämpfung führte Hausdurchsuchungen durch. Dabei ging es um den Verdacht auf Untreue, Bestechung und schweren Betrug in Österreich und mehreren europäischen Ländern, in denen die Firma »Express Interfracht« tätig ist. Die Frage, wie viele Anzeigen es gab und wie der Stand der Verfahren ist, wollten die ÖBB im Juli 2013 konkret nicht beantworten.

Dunkle Geschäfte

In Italien soll es zu fragwürdigen Immobiliengeschäften und Verkäufen gekommen sein. In Griechenland wurde ein Terminal für Gütertransporte errichtet, wo wegen grober Baumängel eine Halle nicht benutzt werden konnte. In Ungarn soll ein weit überhöhter Preis für die Übernahme der Firma MÁV Cargo bezahlt worden sein (siehe dazu Seite 148). In Polen soll das Management fristlos entlassen worden sein, weil Waren verschwanden. In der Türkei sollen Kunden und der Zoll bestochen worden sein. Bei LKW-Transporten nach Russland soll Schmiergeld geflossen sein. In Rumänien bestand der Verdacht auf überhöhte Zahlungen für Grundstücke. In Österreich gab es Strafanzeigen gegen Manager der »Express Interfracht« wegen des Verdachts auf Untreue und schweren Betrug. Eine Sprecherin der Staatsanwaltschaft Wien konnte keine Angaben zum Stand des Verfahrens machen, weil die Namen der Beschuldigten nicht bekannt sind.

Wie werden Bahngüter transportiert?

– *Stückgut* ist ein einzelnes Bahnpaket, das je nach Inhalt unterschiedlich groß ist. Der Transport ist sehr personalintensiv und deshalb ein Verlustgeschäft. Stückgut-Transporte werden bei der Bahn unter der Bezeichnung »Kontraktlogistik« (KL) oder »Bahnexpress« geführt. 2012 transportierten die ÖBB 1,5 Millionen Tonnen Stückgüter, wobei das im Geschäftsbericht nicht näher beschrieben wird.
– *ROLA* ist die Abkürzung für »Rollende Landstraße«. Dabei wird der gesamte LKW samt Frachtgut auf Waggons aufgeladen. Der begleitende LKW-Fahrer

fährt im Zug mit. 2012 transportierten die ÖBB 9,4 Millionen Tonnen Güter per ROLA.

- *Unbegleiteter kombinierter Verkehr* (UKV) ist der Fachausdruck für Transporte mit genormten Behältern wie Containern oder LKW-Sattelanhängern, die auf Waggons, LKW oder Schiffe verladen werden. 2012 transportierten die ÖBB 17,4 Millionen Tonnen Güter per Container und ähnlichen Behältern.
- *Konventioneller Wagenladungsverkehr* ist die älteste Transportform auf der Schiene. Er eignet sich vor allem für Industriebetriebe mit großen Transportmengen und schweren Gütern wie Autos, Ton, Stahl, Holz und Papier. 2012 transportierten die ÖBB 85 Millionen Tonnen Güter mit konventionellem Wagenladungsverkehr.

Wie wird Güterverkehr gemessen?

Güterverkehr wird meist mit zwei Kennzahlen gemessen:
1. »Transportaufkommen« ist die Menge an transportierten Gütern, gemessen in Tonnen (t). Das Transportaufkommen auf der Straße ist in Österreich und allen anderen europäischen Ländern weitaus höher als auf der Schiene.
2. »Transportleistung« ist die Menge an transportierten Gütern mal dem Transportweg in Kilometern (tkm). Weil Güter mit der Bahn meist über längere Strecken transportiert werden, ist die *Transportleistung* der Bahn in Österreich größer als die auf der Straße.

Rollende Landstraße (ROLA)

Die ROLA ist eine Erfindung der späten 1960er Jahre, um LKW samt Frachtgut auf Eisenbahnwaggons zu transportieren und damit den politischen Wunsch nach der Verlagerung des Güterverkehrs von der Straße auf die Schiene umzusetzen. Sie funktioniert nach dem simplen Prinzip »des einen Freud', des anderen Leid«. Die leidvolle Rolle ist den ÖBB zugedacht, die damit bis heute überwiegend Verluste schreiben. Die freudvolle Rolle übernahm die private Transportfirma ÖKOMBI, die damit von 1999 bis 2004 satte Gewinne in dreistelliger Millionenhöhe erzielte. In einem Rechnungshofbericht aus dem Jahr 2006 heißt es, dass die ROLA trotz Zuzahlungen der öffentlichen Hand von den ÖBB »zu keinem Zeitpunkt wirtschaftlich geführt werden konnte«. Ein neuer Rechnungshofbericht aus dem Jahr 2012 zeichnet kein sehr viel rosigeres Bild. Da heißt es, dass die Markterlöse ohne staatliche Zuschüsse generell unter den Herstellkosten liegen. Auch unter Hinzurechnung der Zuschüsse wurden nur auf zwei Strecken alle Kosten abgedeckt.

Vorteile

Auf den ersten Blick hat die Rollende Landstraße viele Vorteile: Sie vermindert die CO_2-Belastung, sie erspart den Spediteuren Maut- und Treibstoffgebühren, sie verschafft den Fahrern während des Transports Ruhezeiten, und es gibt keine zeitlichen Beschränkungen während der Nachtstunden oder am Wochenende.

Nachteile

Die ROLA hat jedoch große Nachteile: Weil mit solchen Zügen vollbeladene LKW transportiert werden, sind die Ladeflächen der Waggons entsprechend niedrig und die Räder sehr viel kleiner als bei normalen Eisenbahnwaggons. Das erlaubt nur Geschwindigkeiten bis maximal 120 km/h, weil sich die kleinen Räder sehr schnell drehen. Die Folge davon ist ein hoher Verschleiß mit hohem Erhaltungs- und Wartungsaufwand. Die relativ »wacklige« Transportart erfordert weitere Geschwindigkeitsbeschränkungen, vor allem bei der Durchfahrt in Tunneln und in engen Gleisbögen.

Ein weiterer Nachteil der ROLA besteht darin, dass die Waggons aufgrund der kleinen Räder mindestens doppelt so viele Achsen benötigen wie normale Güterwagen. Dadurch sind sie störanfälliger und lauter.

Der größte Nachteil ist jedoch das hohe Gesamtgewicht der

Transportfahrzeuge – LKW, Transportwaggons, Begleitwaggon für die mitfahrenden LKW-Fahrer, Lok – im Vergleich zur Nutzlast. Das Verhältnis beträgt etwa 60:40. Mit der ROLA werden in erster Linie also keine Güter von einem Ort zum anderen transportiert, sondern Transportmittel! Die Transportkosten der Verpackung sind eineinhalb Mal so hoch wie die des Inhalts! Betriebswirtschaftlich ist so etwas natürlich Unsinn und stellt eine unnötige Belastung der Umwelt dar.

Förderungen

Weil sich die Politik von der ROLA eine Verlagerung von der Straße auf die Schiene erhoffte, wurde sie kräftig gefördert. Erstens beim Bau der dafür benötigten Ladestationen und beim Ausbau von Strecken, zweitens bei der Anschaffung spezieller ROLA-Waggons und drittens bei jedem einzelnen Transport.

Insider erzählen, dass früher häufig Frachtpapiere gefälscht worden und die Waggons oft überladen gewesen seien. Den Behörden soll das bekannt gewesen sein, aber zur höheren Ehre des Schienenverkehrs seien beide Augen zugedrückt worden.

Zwischen 2002 und 2010 flossen jährlich etwa zwanzig bis 35 Millionen Euro an Transport-Subventionen. Derzeit wird jeder einzelne LKW mit bis zu 198 Euro gefördert. Zusätzlich gab es lange Zeit auch ein Steuerzuckerl für jeden transportierten LKW. Wie viel das insgesamt war, konnte nicht einmal der österreichische Rechnungshof feststellen.

Transithilfe

Für die Organisation und Abwicklung der Transporte gründeten österreichische Spediteure eine eigene Firma – die ÖKOMBI, bei der auch ausländische Unternehmen sowie die ÖBB Mitglieder wurden. Schon bald nach dem Start der ROLA stellte sich heraus, dass türkische und osteuropäische Spediteure sie auch dazu verwenden konnten, um die geltenden Beschränkungen für den LKW-Transitverkehr durch Österreich zu umgehen.

Privat wird Staat

So wurde die ROLA zur Erfolgsgeschichte, vor allem für die an der ÖKOMBI beteiligten Spediteure. Bis zu 350 000 LKW wurden jährlich damit transportiert. 2004, mit der Aufhebung von Transportbeschränkungen für Nicht-EU-Spediteure und dem Entfall der Ökopunkte, gab es einen dramatischen Einbruch. Die ÖKOMBI-Gesellschafter gerieten in Panik und verkauften Teile der Firma an die ÖBB. Kurz nach dem Verkauf erholte sich das ROLA-Geschäft wieder, und 2010 wurden bereits wieder 345 000 LKW transportiert. Im selben Jahr kanzelte der bekannte Tiroler Transitgegner Fritz Gurgiser in der *Kronenzeitung* die Förderpolitik als »Schwindel« und »komplette Irreführung« ab, denn damit würden LKW »wie die Fliegen« nach Tirol gelockt. Ohne die Förderungen, kritisierte er, würden sie nämlich den kürzeren Weg über die Schweiz wählen.

ROLA-Tief

Seit 2011 geht es mit der ROLA ohnedies wieder steil bergab, weil zeitweilige Fahrverbote für LKW vom Europäischen Gerichtshof aufgehoben wurden. Statt einem ROLA-Hoch herrscht nun ein ROLA-Tief.

Die ÖKOMBI-Saga

Die ÖKOMBI GmbH und Co. KG wurde 1983 von ein paar Dutzend privaten Spediteuren gegründet, um das Geschäft mit der ROLA effizient zu organisieren und abzuwickeln. Der geschäftliche Erfolg führte dazu, dass die Zahl der Mitglieder, sogenannte Kommanditisten, ständig anstieg. Am Ende umfasste die Firma rund 350 österreichische Speditionen und Transportunternehmen, aber auch die Gütersparte der ÖBB oder ausländische Transportfirmen. Von 1999 bis 2004 erzielte die ÖKOMBI KG einen Umsatz von insgesamt rund 840 Millionen Euro. 2005 wurden

Name und Waggons nach Ansicht einiger Gesellschafter zu billig an die ÖBB verkauft. Die alte ÖKOMBI-Gesellschaft blieb aber bestehen.

Ein Krimi

Seither gibt es Streit. Denn ehemalige ÖKOMBI-Mitglieder verdächtigen den früheren Geschäftsführer Stefan Hofer, dessen Ehefrau, den Aufsichtsratsvorsitzenden Dr. Max Schachinger und einen Wirtschaftsprüfer krimineller Handlungen. Die Vorwürfe lauten auf Bilanzfälschung, Untreue und Betrug beziehungsweise die Beihilfe dazu, und zwar zu Lasten ehemaliger Mitglieder. Weil es dabei um einen Millionenschaden gehen soll, entwickelte sich diese Sache zu einem richtigen Krimi. Alle Beschuldigten bestreiten die Vorwürfe – es gilt die Unschuldsvermutung.

Mehrere frühere ÖKOMBI-Gesellschafter, darunter der Salzburger Transportunternehmer Franz Blum, forderten Aufklärung über verdächtige Vorfälle. Zunächst versuchten sie auf gütlichem Weg, die Sache aus der Welt zu schaffen. Als das nicht gelang und die Kritiker beim Prozessfinanzierer LEXDROIT Hilfe suchten, eskalierten die Streitereien. Schließlich gab der frühere Aufsichtsratsvorsitzende Dr. Max Schachinger im Einvernehmen mit den Kritikern bei den renommierten Wirtschaftsprüfern LeitnerLeitner GmbH ein Gutachten in Auftrag. Die Vorwürfe sollten untersucht werden.

Fiktive Gutschriften und fingierte Belege

Das am 9. Dezember 2009 vorgelegte Ergebnis war brisant. Laut Gutachten hatte die ÖKOMBI Belege erstellt und verbucht, die nicht an die angegebenen Adressaten verschickt wurden. Mit »hoher Wahrscheinlichkeit« seien auch »Buchungstexte in der Finanzbuchhaltung der ÖKOMBI nachträglich verändert« worden. »Zusammengefasst kann festgehalten werden, dass sich der … geäußerte Verdacht hinsichtlich der Belegmanipulationen nach unserer Einsicht bestätigt hat.«

Die exakte Höhe der fingierten Belege konnte von den Gutachtern nicht festgestellt werden, weil viele Unterlagen fehlten. Dazu heißt es im Gutachten:»Eine gezielte Beiseiteschaffung kann nicht ausgeschlossen werden.« Laut den Kritikern beträgt die Höhe der fiktiven Gutschriften insgesamt rund 77 Millionen Euro.

In der Zusammenfassung schrieben die Gutachter:»Aus dem Dargestellten ergibt sich, dass die Buchhaltung der ÖKOMBI KG in den Jahren 2002 und 2003 durch Verbuchung von fingierten Belegen manipuliert wurde.« Dadurch sei es zu»einer unrichtigen Darstellung der Vermögens- und Ertragslage der ÖKOMBI KG« gekommen. Und:»Es liegen schriftliche Hinweise vor, dass von der Geschäftsführung möglicherweise grob unrichtige Jahresabschlüsse erstellt wurden.«

Alles korrekt

Merkwürdigerweise führte dieses Gutachten zu keinen Konsequenzen. Sowohl der ehemalige Geschäftsführer Stefan Hofer und seine Ehefrau als auch der ehemalige Aufsichtsratsvorsitzende Dr. Max Schachinger wiesen alle Vorwürfe zurück. In einem Schreiben an alle ehemaligen Mitglieder erklärten Dr. Max Schachinger und sein Stellvertreter, dass man sich»unter Beziehung hochqualifizierter Experten und Sachverständiger« intensivst mit allen Vorwürfen auseinandergesetzt habe und zu folgendem Schluss gekommen sei:

»Die Buchungen wurden richtig getätigt, die Rückstellungen korrekt gebildet und die Jahresabschlüsse völlig gesetzeskonform aufgestellt.« Man freue sich, dies mitteilen zu können. Die ÖKOMBI sei eine Erfolgsgeschichte gewesen, sodass im Zuge des Verkaufs sechzig Millionen Euro an die ehemaligen Gesellschafter ausgeschüttet werden konnten.

Vorwurf: gewerbsmäßiger, schwerer Betrug

Daraufhin forderten die Kritiker den Aufsichtsratsvorsitzenden auf, die Stellungnahmen der »hochqualifizierten« Experten und Sachverständigen« vorzulegen. Als das verweigert wurde, erstatteten sie im August 2010 Anzeige gegen den ÖKOMBI-Geschäftsführer Stefan Hofer und seine Gattin wegen des Verdachts auf »schweren, gewerbsmäßigen Betrug zu Lasten der ehemaligen Mitglieder der ÖKOMBI«. Aus dem Gutachten ergebe sich »unzweifelhaft, dass es von 1999 bis 2003 zu manipulierten Verkürzungen der Gewinnanteile der Kommanditisten gekommen ist«. Ebenfalls angezeigt wurde der Aufsichtsratsvorsitzende Dr. Max Schachinger sowie ein Wirtschaftsprüfer, weil sie verdächtigt werden, das Ehepaar Hofer bei ihrer Tat unterstützt zu haben.

Hausdurchsuchungen und Einvernahmen

Seither gab es Hausdurchsuchungen beim ehemaligen Geschäftsführer, es wurden Zeugen einvernommen, und die ermittelnde Staatsanwaltschaft gab ein neues Gutachten in Auftrag.

Im Zuge der Ermittlungen stellte sich heraus, dass es sich bei den »hochqualifizierten Experten und Sachverständigen«, auf die sich der Aufsichtsratsvorsitzende Dr. Walter Schachinger berufen hatte, im Wesentlichen um eine einzige Person handelte – einen Wirtschaftsprüfer der ÖKOMBI, der selbst unter dem Verdacht der Mittäterschaft steht.

Die Wirtschaftsprüfungsfirma SMP, der dieser Wirtschaftsprüfer angehört, hatte im Auftrag der ÖKOMBI einen Bericht erstellt, in dem alle bis 15. April 2010 vorliegenden Gutachten, Aussagen und Stellungnahmen zusammengefasst und kritisch gewürdigt werden sollten. Im Ergebnis dieses Berichts wurden alle Vorwürfe der ÖKOMBI-Kritiker zurückgewiesen: Alles sei rechtmäßig abgelaufen.

Einschüchterungsversuche

Im Februar 2011 erhielt ÖKOMBI-Kritiker Franz Blum einen Anruf. Ein Privatdetektiv namens Gabriel bat um ein Gespräch und
erklärte, er sei von einem ehemaligen ÖKOMBI-Mitglied mit Ermittlungen betraut worden. Zum vereinbarten Termin in Salzburg erschien Blum in Begleitung seines Rechtsanwalts, der
Privatdetektiv in Begleitung eines jungen Mannes, den er als
»Mitglied einer Mossad-Spezialeinheit« vorstellte und vielsa-
gend hinzufügte: »Die bringen jeden um!« Privatdetektiv Gabriel
selbst bezeichnete sich als ehemaligen Mossad-Agenten und wies
darauf hin, dass der israelische Geheimdienst gerade einige ira-
nische Atomwissenschaftler umgelegt habe.

Blum erklärte, ihn könne man nicht erschrecken, und fragte
Gabriel, in wessen Auftrag er ermittle. Weil der Angesprochene
eine Antwort verweigerte, endete das Gespräch ergebnislos. Blum
meldete den Vorfall der Polizei.

Das Ende der ÖKOMBI

Am 15. Mai 2013 wurde die alte ÖKOMBI-Gesellschaft endgültig
aufgelöst. Der Kriminalfall geht jedoch weiter. Laut Staatsanwaltschaft Wien waren die Ermittlungen Ende Juni 2013 noch nicht
abgeschlossen.

Der Güterverkehr der ÖBB

Mit dem Transport von Gütern verdienten die Österreichischen
Bundesbahnen viele Jahre lang zwar nicht rasend viel Geld, aber
sie verbuchten immerhin Gewinne. Ab dem Jahr 2008 änderte
sich das und es gab nur noch Verluste, die sich bis 2010 auf knapp
400 Millionen Euro steigerten. Mit Hilfe von Umstrukturierun-
gen und dem Auflassen unwirtschaftlicher Geschäftsbereiche
schaffte die ÖBB-Gütersparte »Rail Cargo Austria« (RCA) im Jahr
2012 wieder ein positives Ergebnis.

Von einer Tasche in die andere

Die *Oberösterreichischen Nachrichten* berichteten im Dezember 2011 von folgenden Tricks: 2011 und 2012 zahlte die ÖBB-Gütersparte wesentlich niedrigere Schienenmaut-Gebühren an die ÖBB-Infrastruktursparte. Die Preissenkung soll von der Konzernspitze verordnet worden sein. Was bei der einen Konzernsparte die Schulden zu Lasten der Steuerzahler erhöht, verschönt bei der anderen die Bilanz. Laut *Oberösterreichische Nachrichten* soll es dabei um eine Summe von etwa hundert Millionen Euro gegangen sein, die auf diese Art von einer ÖBB-Tasche in die andere verschoben wurde.

Die Politik schafft an, und die Bahn zahlt drauf

Der Güterverkehr der ÖBB leidet unter denselben Rahmenbedingungen wie der Personenverkehr: Die Politik entscheidet, wie das Geschäft laufen soll. Und da die Politik oft wenig Ahnung hat, geht es bergab. So war es beispielsweise bei den Förderungen zum Umstieg von der Straße auf die Schiene – eine halbherzige Sache, wie der Rechnungshof 2006 kritisierte. Denn die hohen Subventionen reichten nicht aus, um die Differenz zwischen den tatsächlichen Kosten und den politisch verordneten niedrigen Transportpreisen abzudecken. Daraus ergaben sich für die ÖBB Verluste.

Subventioniert wird in Österreich der sogenannte kombinierte Verkehr, bei dem sowohl auf der Bahn als auch auf der Straße transportiert wird. Das ist einerseits die ROLA, andererseits der Transport von Containern und ähnlichen Behältern. Der Transport von Stückgut und konventionellen Wagenladungen wird nicht gefördert.

Die ÖBB erklärten dazu, die Preissenkung sei auf eine Anregung der EU zurückzuführen, weil im Zuge der Wirtschaftskrise der Gütertransport und insbesondere die Preise für LKW-Transporte zurückgegangen seien. Die Preissenkung sei erfolgt, um den Bahngüterverkehr zu stärken. Es habe sich also um eine verkehrspolitisch gewollte Aktion gehandelt.

Wozu Förderungen im Güterverkehr?

Bereits 2006 hatte der Rechnungshof ein vernichtendes Urteil über die Förderung des Güterverkehrs gefällt und den Ausstieg aus derartigen Modellen empfohlen.
- Die vielgerühmte ROLA trage kaum zur Entlastung des Schwerverkehrs über den Brenner bei.
- Die hohe Förderung der ROLA sei trotz allem nicht kostendeckend – das verursache bei den ÖBB enorme Verluste.
- Ein Großteil der Förderungen komme nicht Österreich, sondern dem Ausland zugute, weil die Fördermaßnahmen zu zwei Dritteln ausländische Streckenteile betreffen.

Erneut – wozu Förderungen?

2012 veröffentlichte der Rechnungshof einen neuen Bericht über Förderungen zum Güterverkehr und stellte Folgendes fest:
- Der kombinierte Güterverkehr wurde zwischen 2006 und 2010 jährlich mit mehr als hundert Millionen Euro gefördert – mit fragwürdigem Nutzen, denn Leistung und Gegenleistung wurden nicht offengelegt.
- Die Förderungen waren zu gering, um die tatsächlichen Kosten abzudecken. Die dadurch entstehenden Verluste wurden den ÖBB zugeschoben.
- Die Förderung von Container-Transporten regt die Nachfrage kaum an. Im Klartext: Solche Transporte würden wahrscheinlich auch ohne Förderung durchgeführt.
- Beim kombinierten Transport gab es zusätzlich zu den Förderungen auch steuerliche Vergünstigungen. Deren Ausmaß konnte vom Rechnungshof ebenso wenig ermittelt werden wie die Wirksamkeit dieser Maßnahme.

8. Freunderlwirtschaft, schöne Abschiede, gute Geschäfte und enge Verbindungen

Sind die ÖBB ein Zentrum von Korruption? Jedenfalls ermitteln Staatsanwälte gegen rund 25 hochrangige ÖBB-Manager und Verkehrspolitiker bis hinauf zum derzeitigen Bundeskanzler Werner Faymann. Dabei geht es um unterschiedliche Vorfälle und unterschiedliche Delikte. Die ÖBB sind ein anschauliches Beispiel dafür, wie in Österreich Politik und Wirtschaft funktionieren. Man kennt sich und verschafft sich gegenseitig Pfründe, Posten und Zugänge. Und möglicherweise auch lukrative Geschäfte auf Kosten des Steuerzahlers, die das eigene Konto bereichern. Im Folgenden ein Überblick.

Wichtiger Hinweis: Für alle in diesem Kapitel genannten Personen, gegen die Ermittlungen im Gange sind, gilt die Unschuldsvermutung!

Ein dubioses Grundstücksgeschäft in Linz

Im Oktober 2011 durchsuchte das Bundeskriminalamt mehrere Büros hochrangiger ÖBB-Manager. Es ging um den Verdacht der Korruption im Zusammenhang mit der Errichtung und Einmietung der Finanzlandesdirektion in den sogenannten »Terminal Tower« am Linzer Hauptbahnhof. Das Grundstück, auf dem der »Terminal Tower« errichtet wurde, gehörte ursprünglich den ÖBB und wurde unter dem damaligen ÖBB-Chef und früheren PORR-Vorstand Martin Huber 2006 an eine Gesellschaft verkauft, an der der Baukonzern PORR und eine Tochterfirma der Raiffeisenlandesbank Oberösterreich beteiligt waren.

Auffällig war bereits der sehr günstige Preis von knapp sechs Millionen Euro für das Grundstück. Der »Terminal Tower« ist der höchste Wolkenkratzer Österreichs außerhalb von Wien. Projektbetreiber waren die Baugesellschaft PORR AG, die Raiffeisen Leasing sowie die Raiffeisenlandesbank Oberösterreich, die dafür bekannt ist, dass sie trotz satter Gewinne kaum Steuern zahlt: In den Jahren 2006 bis 2008 beispielsweise nur dreißig Millionen Euro bei einem Gewinn von 694 Millionen Euro. Das entspricht einem Steuersatz von weniger als fünf Prozent. Davon können Arbeiter und kleine Angestellte nur träumen. Der gesetzliche Steuersatz für Banken beträgt in Österreich 25 Prozent.

Horst Pöchhacker & Co.

Die Baugesellschaft PORR gilt als SPÖ-nahe. Deren wirtschaftlicher Erfolg ist zu einem beträchtlichen Teil von Großaufträgen staatlicher und staatsnaher Betriebe abhängig. Als der »Terminal Tower« errichtet wurde, hieß der PORR-Chef noch Horst Pöchhacker. Dieser Mann ist inzwischen – seit 2007 – Aufsichtsratschef der ÖBB.

Bereits im Vorfeld der Errichtung des Wolkenkratzers hatte die »Terminal-Tower«-Betreibergesellschaft Verhandlungen mit potenziellen Mietern geführt, unter anderem mit dem Finanzministerium. Im Zusammenhang mit dem Abschluss des Mietvertrages im März 2006 kamen prominente Personen ins Spiel, gegen die die Staatsanwaltschaft nun ermittelt: gegen den damaligen PORR-Chef und jetzigen ÖBB-Aufsichtsratschef Horst Pöchhacker sowie weitere Manager von PORR und Raiffeisen wegen des Verdachts auf Bestechung.

Österreich, Rumänien, Zypern, Liechtenstein

Und gegen den damaligen Finanzminister Karl-Heinz Grasser wegen des Verdachts, wegen einer Geschenkannahme habe das Finanzministerium mit der »Terminal-Tower«-Betreibergesell-

schaft einen höheren Mietpreis für die Einmietung der Finanzlandesdirektion vereinbart als notwendig. Karl-Heinz Grasser
bestreitet das vehement, und es gilt die Unschuldsvermutung. In
diesem Zusammenhang geht es auch um 200 000 Euro, die 2007
von einer PORR-Firma auf ein Konto in Zypern bezahlt wurden.
Der Lobbyist Peter Hochegger erklärt, dieses Geld sei für einen
mit Walter Meischberger ausverhandelten Vertrag überwiesen
worden, bei dem es um ein Projekt in Rumänien ging. Nach Ein-
langen des Betrages habe er zehn Prozent für seine Abwicklungs-
tätigkeit einbehalten und neunzig Prozent an eine Firma Omega
in Liechtenstein überwiesen, die Walter Meischberger zuzurech-
nen war. Meischberger erklärt, er allein habe über dieses Omega-
Konto verfügt, und dieses Honorar sei für mehrere Projekte gewesen, die er für PORR-Firmen über einen Zeitraum von mehreren
Monaten abgewickelt habe. Alles sei vollkommen legal gewesen. Alle Beteiligten und Beschuldigten weisen die in Medien kol-
portierten Vorwürfe – illegale Handlungen – zurück, und es gilt
die Unschuldsvermutung. Horst Pöchhacker erklärte gegenüber
der Zeitschrift *profil*, die 200 000 Euro habe der Lobbyist Peter
Hochegger für eine Geschäftsanbahnung in Rumänien erhalten,
die leider nicht realisiert worden sei. Und die 700 000 Euro seien
nicht für Herrn Plech gewesen, sondern für Zusatzeinrichtungen
der neuen »Terminal-Tower«-Mieter.

Pöchhacker wehrt sich

Im Dezember 2012 stellte das Oberlandesgericht Wien in einem
Beschluss fest, dass die Durchsuchung des Pöchhacker-Büros, bei
der es um den Verdacht der Korruption beim »Terminal Tower«
Linz ging, rechtswidrig war. Nicht rechtswidrig war jedoch der
Zugriff der Ermittler auf den ÖBB-Server, um E-Mails von Pöch-
hacker und dessen Sekretärin sicherzustellen.

Pöchhacker ging zum Gegenangriff über und erstattete im
Oktober 2012 Strafanzeige gegen den ehemaligen PORR-Ma-
nager und späteren ÖBB-Generaldirektor Martin Huber. Dieser

hatte behauptet, es habe in der PORR-Zentrale in seiner Anwesenheit ein Gespräch mit Horst Pöchhacker und Immobilienmakler Ernst Karl Plech gegeben, bei dem dieser 700 000 Euro Provision verlangt habe.

Pöchhacker warf Huber vor, sowohl im Untersuchungsausschuss als auch vor der Korruptionsstaatsanwaltschaft bewusst falsch ausgesagt zu haben. Pöchhacker weist alle Anschuldigungen in der Angelegenheit »Terminal Tower« zurück und erklärte Ende Juni 2013, dass bei den Ermittlungen gegen ihn nichts herauskommen wird. Ernst Karl Plech wies den Vorwurf einer Provisionsforderung zurück: Er habe gegen Huber eine Strafanzeige erstattet.

Die Korruptionsstaatsanwaltschaft Wien erklärte Anfang Juli 2013, dass in der Sache »Terminal Tower« – das betrifft die in diesem Kapitel dargestellten Punkte 1 und 2 – gegen eine zweistellige Anzahl von Beschuldigten ermittelt wird und in ein bis zwei Monaten ein Abschlussbericht vorliegen wird.

Weitere verdächtige Zahlungen

Bei den Ermittlungen zum »Terminal Tower« tauchte auch eine Rechnung über 25 000 Euro auf, die laut Wochenmagazin *Falter* vom damaligen PORR-Vizechef Josef Hesoun abgezeichnet und an dieselbe zypriotische Briefkastenfirma ausgestellt worden sein soll wie die 200 000 Euro für den »Terminal Tower«. Das stellte sich jedoch als falsch heraus. Hesoun erklärte, er persönlich habe mit dieser Rechnung nichts zu tun, und außerdem habe die Zahlung von 25 000 Euro gegen keine Gesetze verstoßen.

PORR-Chef war damals der jetzige ÖBB-Aufsichtsratschef Horst Pöchhacker. Gegenüber der Zeitschrift *profil* erklärte er im Oktober 2012, die 25 000 Euro seien an den Lobbyisten Peter Hochegger geflossen, um mit ungarischen Geschäftspartnern »wieder ins Gespräch« zu kommen. Das habe auch funktioniert.

Es gibt jedoch noch weitere verdächtige PORR-Zahlungen. Der Lobbyist Walter Meischberger wird von der Justiz verdächtigt, von der PORR Schmiergelder für diverse Bauaufträge und Grundstückskäufe erhalten zu haben.

Supernackert

Wofür Meischberger das Geld kassierte, war ihm zeitweise nicht genau erinnerlich. Er sagt, dass jedes Honorar meist für mehrere Projekte über einen längeren Zeitraum abgerechnet wurde. In der Öffentlichkeit bekannt wurde das Telefon-Überwachungsprotokoll, bei dem Meischberger den Immobilienmakler Ernst Karl Plech fragte:»Na, ober wos ist die Leistung, an wen? Weil die Rechnung hob ich an die PORR gestellt.« Plech:»Die Leistung?« Meischberger:»Wo war meine Leistung?«

Auch seinen Freund, den Ex-Minister Karl-Heinz Grasser, bat Meischberger telefonisch um Rat. Dessen Antwort:»… das würd ich mir ein bisserl anschauen, verstehst, in welchen Ländern ist die PORR, in welchen Projekten war sie tätig.«

Meischberger:»Da bin ich jetzt supernackert!«

Alle erwähnten Personen bestreiten, irgendetwas Illegales getan zu haben, und für alle gilt die Unschuldsvermutung.

Faymann & Pöchhacker

Werner Faymann und Horst Pöchhacker – die beiden sind eng miteinander verbunden, auch wenn der eine Politiker ist und der andere Manager. Sie kennen sich schon aus der Zeit, als Faymann noch roter Wohnbau-Stadtrat in Wien war, von 1994 bis 2007. Im Jahr 2007 machte Faymann einen Karrieresprung und stieg zum Verkehrsminister auf.

Im selben Jahr beendete Pöchhacker seine Tätigkeit als langjähriger Chef der PORR AG und wurde vom neuen Verkehrsminister Faymann zum Aufsichtsratschef der ÖBB und zum Aufsichtsratsvizechef der Autobahngesellschaft ASFINAG bestellt. Schiene und Straße, Straße statt Schiene oder Straße gegen Schiene – das ist in Österreich fast einerlei.

Ein Büro bei Faymann

Pöchhacker bezog sofort ein Büro im Verkehrsministerium, in unmittelbarer räumlicher Nähe zu Faymann. Auf eine parlamentarische Anfrage der Grünen, die das merkwürdig fanden, antwortete Faymann, das sei sein persönlicher Wunsch gewesen – aus zeitökonomischen Gründen, um die Abstimmung mit dem Kabinett, dem Generalsekretär und den Sektionschefs zu erleichtern. Auch unter Faymanns Nachfolgerin Doris Bures behielt Pöchhacker sein Büro im Verkehrsministerium.

Derzeitige Management-Positionen von Dipl.-Ing. Horst Pöchhacker (Jänner 2013), laut Datenbank Orbis

- Aufsichtsratsvorsitzender bei der ÖBB-Holding AG
- Aufsichtsrat bei der ÖBB-Personenverkehr AG
- Aufsichtsrat bei der Rail Cargo Austria (RCA)
- Aufsichtsratsvorsitzender bei der UBM Realitätenentwicklungs AG
- Aufsichtsratsvizevorsitzender bei der BIG
- Aufsichtsratsvizevorsitzender bei der Autobahngesellschaft ASFINAG
- Aufsichtsratsvizevorsitzender bei der Brenner Basistunnel SE Gesellschaft

Pöchhacker ist wirtschaftlich nach wie vor eng verbunden mit der PORR AG, etwa in seiner Funktion als Aufsichtsratsvorsitzender der UBM Realitätenentwicklungs AG, deren Hauptaktionär die PORR AG ist. Unvereinbarkeiten? Interessengegensätze? Pöchhacker dementierte das in einem Gespräch Ende Juni 2013 vehement.

Werner Faymann und »unsere Bahn«

Nicht nur Baukonzerne konnten sich freuen, als Werner Faymann Verkehrsminister wurde, auch die Boulevardmedien hatten Grund zum Jubeln. Schon als Wohnbau-Stadtrat von Wien hatte Faymann für einen üppigen Inseratenregen gesorgt, damit die Medien positiv über sein Ressort berichten.

Als er Verkehrsminister wurde und damit die politische Verantwortung für die beiden Staatsbetriebe ÖBB und ASFINAG übernahm, schnellte die Zahl der Inserate dieser Unternehmen in die Höhe. Inhaltlich ging es dabei auffallend oft um das Verkehrsministerium oder den Verkehrsminister. Die ÖVP sprach vom »schamlosen Bedienen« bei Unternehmen, die Faymann unterstanden. Die Grünen forderten die SPÖ auf, sie solle »die Kosten für die schamlose Eigen-PR von Faymann zurückzahlen«.

Imagekampagne für Faymann

Ein Rechnungshofbericht vom August 2012 übte harsche Kritik an den ÖBB-Inseraten in der *Kronenzeitung*, in *Heute* und in *Österreich*, speziell für den Zeitraum, als Werner Faymann Verkehrsminister war. Die Inserate, so der Rechnungshof, erweckten teilweise »den Eindruck einer Imagekampagne (des Bundesministeriums) und des Bundesministers«. Es sei nicht nachvollziehbar, warum die ÖBB-Holding die Kosten für eine Anzeigenserie in der *Kronenzeitung* zur Gänze übernommen habe.

Die Prüfer kritisierten vor allem die Anzeigenserie »Unsere Bahn« in der *Kronenzeitung*, in der sich Faymann als Ombudsmann für ÖBB-Missstände präsentierte. Laut Bericht des Rechnungshofes segnete der Vorstand der ÖBB-Holding die Finanzierung dafür erst Monate nach Beginn der Kampagne ab.

Insgesamt hätten sich Hinweise ergeben, schrieb der Rechnungshof, dass die ÖBB-Holding in den Jahren 2007 und 2008 Schaltungen in Printmedien finanziert habe, »die vom Verkehrsministerium initiiert wurden und/oder im Interesse des Ministeriums beziehungsweise des Ministers lagen«. Die Zusammenarbeit zwischen ÖBB und Ministerium sei in den Akten nicht dokumentiert und daher kaum nachvollziehbar.

Die Kronenzeitung schwindelt ein bisschen

Der Rechnungshof zeigte auch auf, wie die Leser der *Kronenzeitung* gelegentlich ein wenig angeschwindelt wurden. Zwei Anzeigen der Serie »Unsere Bahn« waren nicht als »Werbung«, sondern als »Reportage« gekennzeichnet. Damit erweckten sie bei den Lesern den Eindruck, es handle sich um einen objektiven, unabhängigen Beitrag der Redaktion. Aus internen Unterlagen ging jedoch hervor, dass es sich um »entgeltliche Einschaltungen« handelte.

Doch wie heftig auch in der Öffentlichkeit der Bundeskanzler kritisiert wurde – er stritt alles ab und fand alles in Ordnung. Er weigerte sich auch, im Jahr 2012 vor dem höchsten demokratischen Kontrollgremium auszusagen – einem parlamentarischen Untersuchungsausschuss. SPÖ und ÖVP verhüteten einen Auftritt.

Im Herbst 2011 erstattete die FPÖ gegen Bundeskanzler Faymann und seine rechte Hand, Staatssekretär Josef Ostermayer, Anzeige wegen des Verdachts auf Untreue. Die beiden sollen ab 2007 den staatlichen Unternehmen ÖBB und ASFINAG vorgeschrieben haben, in befreundeten Medien Anzeigen zu schalten. Die Ermittlungen wurden 2012 eingestellt.

Sieben Millionen für den Werner

Im Herbst 2011 wurden Details aus der Einvernahme des früheren ÖBB-Chefs Martin Huber beim Bundesamt für Korruptionsbekämpfung bekannt. Die *Regionalmedien Austria* berichteten, bei einem Treffen im Februar 2008 mit Faymanns damaligem Kabinettchef Josef Ostermayer und dem ÖBB-Aufsichtsratschef Horst

Pöchhacker in einem Wiener Lokal habe man Huber zu verstehen gegeben, dass vom 23-Millionen-Werbebudget der ÖBB »ein nicht unerklecklicher Anteil für Inserate zur Verfügung gestellt werden sollte«. Und zwar »sieben Millionen für den Werner«. Er, Huber, habe das abgelehnt, weil er in einer Imagekampagne für den Verkehrsminister keinen Vorteil für die ÖBB gesehen habe. Ostermayer und Pöchhacker wiesen diese Behauptungen scharf zurück.

Im April 2012 beantragte die Staatsanwaltschaft die Einstellung des Verfahrens, und die prüfende Oberstaatsanwaltschaft stimmte dem zu. Begründung: Die beiden Unternehmen hätten keinen Vermögensnachteil erlitten, weil die Inserate durchaus einen Werbewert aufwiesen. Insgesamt wurde jedoch die Glaubwürdigkeit von Faymann und Ostermayer laut einem in der Zeitschrift *profil* zitierten Bericht der Staatsanwaltschaft Wien massiv angezweifelt.

Gedroht oder nicht gedroht

Nur in einer Sache – der Inseratenkampagne der ÖBB in der *Kronenzeitung* – liefen die Ermittlungen weiter. Sowohl Faymann als auch seine rechte Hand Ostermayer hatten vehement abgestritten, irgendwelche Anzeigen »in Auftrag« gegeben zu haben. Laut einem *profil*-Bericht vom August 2012 soll das jedoch in Widerspruch zu den Aussagen mehrerer ÖBB- und ASFINAG-Manager und Firmenunterlagen stehen. Sowohl bei der Staatsanwaltschaft als auch öffentlich belastete der Ex-ÖBB-Vorstandsdirektor für Personenverkehr Stefan Wehinger den Ex-Verkehrsminister Faymann und Ostermayer schwer: Faymann habe auf ÖBB-Kosten persönliche Werbung gekauft. Und Ostermayer habe ihm mit beruflichen Konsequenzen gedroht, falls er den Wünschen nicht entspreche.

Die SPÖ nannte Wehinger »völlig unglaubwürdig«. Auch die ÖBB wiesen Wehingers Behauptungen scharf zurück. Alle Entscheidungen seien vom Vorstand abgesegnet worden.

Ausgeweitete Ermittlungen

Im September 2012 gab es Medienberichte, dass die Ermittlungen in der Inseratenaffäre wieder ausgeweitet wurden und nun nicht nur Faymann und Ostermayer, sondern neun weitere Beschuldigte betreffen, darunter die früheren ÖBB-Holding-Vorstände Martin Huber und Erich Söllinger sowie den ehemaligen ASFINAG-Vorstand Mathias Reichhold. Alle Genannten weisen die Vorwürfe zurück und rechnen mit der Einstellung des Verfahrens.

Laut einem Bericht der Tageszeitung *Kurier* soll die Staatsanwaltschaft Wien Anfang 2013 zur Inseratenaffäre zahlreiche neue Unterlagen erhalten haben. Im Sommer 2013 hieß es in Medienberichten, die Staatsanwaltschaft habe die Einstellung des Verfahrens empfohlen und der Akt liege nun zur Entscheidung im Justizministerium.

Inserate der SPÖ-Verkehrsministerin Doris Bures

Aufgrund einer anonymen Anzeige ermittelt die Staatsanwaltschaft Wien seit Herbst 2012 auch gegen die derzeitige Verkehrsministerin Doris Bures. Auch ihr wird, ähnlich wie dem vorigen Verkehrsminister Werner Faymann,»Untreue« bei der Vergabe von Inseratenaufträgen vorgeworfen. Bures wies in einer Presseaussendung alle Vorwürfe zurück und beharrte auf»der Rechtmäßigkeit der Vergabepraxis«.

Ende Juni 2013 erklärte die Staatsanwaltschaft Wien, dass die Ermittlungen noch offen sind.

Spekulationsgeschäfte mit Deutscher Bank

Im Jahr 2005 schlossen ÖBB-Manager für die ÖBB mit der Deutschen Bank Spekulationsgeschäfte in der Höhe von 612,9 Millionen Euro ab, zu folgenden Bedingungen: Im schlimmsten Fall drohte ein Verlust von 612,9 Millionen Euro, im günstigsten Fall winkte bis zum Jahr 2015 eine Prämie von 36,9 Millionen Euro laut einem Bericht des Rechnungshofes 2010/7. Als das bekannt wurde, erklärten die Manager, man habe sie irreführend beraten. Die ÖBB verklagten die Deutsche Bank mit der Begründung, diese habe sie nicht ausreichend über die Risiken des Geschäfts informiert. Anfang 2010 gingen die ÖBB einen Vergleich ein, der sie 295 Millionen Euro kostete.

Im November 2008 übergab die Grüne Gabriela Moser der Staatsanwaltschaft eine Sachverhaltsdarstellung, nachdem die verantwortlichen ÖBB-Manager, etwa ÖBB-Generaldirektor Martin Huber und ÖBB-Finanzvorstand Erich Söllinger, wegen dieses Skandals vorzeitig gehen mussten und bei ihrem Abschied großzügige Abfertigungen und Konsulentenverträge erhielten. Die Staatsanwaltschaft begann mit Ermittlungen und stellte diese zwei Jahre später »wegen Geringfügigkeit« ein.

Der Rechnungshof prangert an

In einem 2010 veröffentlichten Bericht des Rechnungshofes heißt es, das Finanzgeschäft der ÖBB mit der Deutschen Bank sei »unter Verstoß gegen bestehende Regelungen abgeschlossen worden«. Kritisiert wurden sowohl die Mitglieder des Vorstandes als auch des Aufsichtsrates. Laut Rechnungshof haben ÖBB-Generaldirektor Martin Huber und der Finanzvorstand der ÖBB-Holding, Erich Söllinger, den Aufsichtsrat unvollständig und unrichtig informiert und sich damit möglicherweise strafbar gemacht. Ein Rechnungshof-Unterausschuss des Parlaments versuchte 2011 erfolglos Licht ins Dunkel der Spekulationsgeschäfte zu bringen – die Regierungsparteien lehnten vertiefende Zeugenbefragungen ab.

Verdacht der Untreue

Nun ermittelt die Staatsanwaltschaft wegen des Verdachts der Untreue gegen den damaligen ÖBB-Holding-Aufsichtsrat und -Vorstand, gegen den Personenverkehrsvorstand sowie gegen Manager der ÖBB-Infrastruktur Bau AG – insgesamt zehn Personen, allen voran Ex-ÖBB-Chef Martin Huber. Alle Beschuldigten bestreiten die Vorwürfe, und es gilt die Unschuldsvermutung. Laut *Kurier* vom Jänner 2013 wurde dazu ein Gerichtsgutachten erstellt. Der Sachverständige Franz Ledochowski soll zu dem Schluss gekommen sein, dass der Vorstand den Aufsichtsrat über dieses Geschäft sowohl unvollständig als auch falsch informiert habe. Die Staatsanwaltschaft Wien bestätigte Ende Juni 2013, dass es einen sogenannten »Vorhabensbericht« gibt, bis jetzt aber noch keine endgültige Entscheidung gefallen ist, ob es zu einem Gerichtsverfahren kommt.

Bonuszahlungen

Bonuszahlungen – finanzielle Extravergütungen – sind auch in staatlichen oder staatsnahen österreichischen Firmen üblich. Die ÖBB zahlen seit 2005 Boni an ihre Manager. Wie hoch sie sind und unter welchen Bedingungen sie vergeben werden, bleibt im Verborgenen. Nur gelegentlich gelangen Bruchstücke von Informationen an die Öffentlichkeit.

Fette Bonuszahlungen für ÖBB-Manager

2009 wurde bekannt, wie viel die ÖBB 2008 für Bonuszahlungen ausgaben: bis zu vier Millionen Euro für einige Manager an der Spitze und 270 weitere Mitarbeiter. Und das, obwohl 2008 ein besonders düsteres Jahr für die ÖBB war. Trotz Milliardensubventionen von Staat, Bundesländern und EU ergab sich ein Verlust von knapp einer Milliarde Euro. ÖBB-Aufsichtsratschef Horst Pöchhacker verteidigte die Bonuszahlungen vehement und erklärte der Tageszeitung *Kurier*, diese seien »ein leistungsabhängiger Teil des Gehalts«. Um die öffentliche Empörung zu dämpfen, verzichtete der damalige Generaldirektor Peter Klugar auf den Bonus.

Wie hoch die ÖBB-Bonuszahlungen waren, die seit 2008 Jahr für Jahr flossen, ist nicht bekannt. In den Geschäftsberichten findet man keine Hinweise, und das Management schweigt. Wie heißt die erste Grundregel für Gentlemen: schweigen und genießen.

Aufsichtsratschef Horst Pöchhacker wollte Ende Juni 2013 zur Höhe dieser Bonuszahlungen nichts sagen: »Warum soll man das veröffentlichen? Die waren eh nicht sehr hoch. Mit solchen Informationen füttert man nur die Neidgenossenschaft.«

Michaela Steinacker – Sonderzahlung + Bonus + Extrabonus

2008 veröffentlichte der Rechnungshof einen Bericht über die Geschäfte der ÖBB-Immobilienmanagement GmbH. Die Prüfer kritisierten das Fehlen einer Unternehmensstrategie für die langfristige Liegenschaftsplanung und vor allem die »großzügigen Konditionen« des Vertrags, den Geschäftsführerin Michaela Steinacker erhalten hatte.

Deren Jahreseinkommen lag um mehr als fünfzig Prozent über dem Bruttobezug des Bundeskanzlers und deutlich über dem, was höherrangige Manager im ÖBB-Konzern verdienten. Zusätzlich zu ihrem Gehalt erhielt sie 2006 einen Pensionsbeitrag in Höhe von zehn Prozent ihres Bruttobezugs, einen Bonus von fünfzig Prozent und darüber hinaus noch einen Extra-Bonus von zwanzig Prozent. Diese Zahlung, schreibt der Rechnungshof, könne nicht nachvollzogen werden – sie widerspreche den im Vertrag festgelegten Bedingungen.

Jedenfalls kassierte Frau Steinacker 2006 insgesamt 416 000 Euro. Sie selbst rechtfertigte den Betrag mit »außerordentlichen Leistungen«. Steinacker war 2006 zuständig für den Verkauf des »Terminal Towers« Linz, wo die Staatsanwaltschaft gegen ÖBB-

Chef Horst Pöchhacker und weitere ÖBB- und Raiffeisen-Manager im Zusammenhang mit einem Mietvertrag wegen des Verdachts auf Bestechung ermittelt.

Mag. Michaela Steinacker – ÖVP-Kandidatin

Im Juni 2013 wurde Michaela Steinacker von ÖVP-Parteichef Michael Spindelegger auf der Bundesliste für die Nationalratswahl 2013 auf Platz zwei nominiert. Steinacker war von 1988 bis 1992 Ministersekretärin im ÖVP-geführten Ministerium für Umwelt, Jugend und Familie und anschließend bei Immobilienfirmen tätig – unter anderem bei der BIG (derzeit noch als Aufsichtsratsvorsitzende tätig), bei der ÖBB-Immobilienmanagement GmbH und ab Juli 2008 als Geschäftsleiterin bei der Raiffeisen Holding NÖ/Wien. Seit Juli 2013 ist sie Generalbevollmächtigte für Immobilien bei Raiffeisen Evolution und Vorsitzende des Beirats.

Bonus für »die Durchführung von Mitarbeitergesprächen«
Ebenfalls im Jahr 2006 erhielten vier von Steinackers Mitarbeitern einen Bonus von insgesamt 100 000 Euro, unter anderem für »die Durchführung von Mitarbeitergesprächen«. Üblicherweise zählt so etwas zu den ganz normalen Aufgaben eines Managers. Aber vielleicht ist das bei den ÖBB so unüblich, dass es mit einem Bonus verknüpft werden muss.

Schmiergeldverdacht beim Kauf einer Güterverkehrsfirma

Anfang 2008 kauften die ÖBB das staatliche ungarische Güterverkehrsunternehmen MÁV Cargo unter bis heute nicht ganz geklärten Umständen. Durch den Rechnungshofausschuss des Parlaments kam 2011 zutage, dass die ÖBB selbst das Unternehmen nur mit 150 bis 250 Millionen Euro bewerteten, jedoch 400 Millionen Euro bezahlten, um einen Kauf-Mitbewerber abzuwehren und nach dem Kauf Synergieeffekte auszuschöpfen.

Außerdem übernahmen die Österreicher diverse Verbindlichkeiten und gaben Investitionszusagen und Arbeitsplatzgarantien ab, sodass am Ende ein Betrag von rund 600 Millionen Euro zusammen kam. Vor dem Kauf wurde die Firma von der Raiffeisen Investment AG geprüft. Der für den Kauf erforderliche Kredit wurde von einer Raiffeisenbank zur Verfügung gestellt. Ein Sprecher der Bank Raiffeisen International erklärte im Juni 2011 gegenüber der Zeitung *Wirtschaftsblatt*, Raiffeisen sei nur eine von mehreren Firmen gewesen, die beim Kauf beraten habe.

Schrottreife Millionen

Kurz nach dem Kauf stellte sich heraus, dass viele Waggons schrottreif waren. In die Verkaufsverhandlungen eingeschaltet war der bis dahin unbekannte ungarische Lobbyist András Gulya, dessen Agentur Gereunet rund sieben Millionen Euro von den ÖBB erhielt. Laut *Die Presse* bestand Gulyas Aufgabe darin, die Berichterstattung in den ungarischen Medien aufmerksam zu verfolgen und die Österreicher logistisch zu unterstützen.

Weil die ungarische Justiz im Herbst 2010 wegen der Ungereimtheiten zu ermitteln begann und die Österreicher um Rechtshilfe ersuchte, kam Bewegung in die Sache. Die Korruptionsstaatsanwaltschaft nahm Ermittlungen auf und unterstützte die ungarischen Behörden. Aufgrund einer Sachverhaltsdarstellung der Nationalratsabgeordneten Gabriela Moser von den Grünen begann auch die Staatsanwaltschaft mit Ermittlungen, stellte das Verfahren jedoch im März 2010 ein, weil sie keine ausreichenden Beweise für den Tatverdacht fand. Im Juni 2010 begann die Staatsanwaltschaft Wien aufgrund eines Rechnungshofberichts erneut mit Ermittlungen.

Kein Leistungsnachweis

Aufgrund der nicht verstummenden Diskussion kam es auch zu einer Untersuchung des MÁV-Cargo-Kaufs durch einen parlamentarischen Unterausschuss. Über das Ergebnis gab es keinen gemeinsamen Abschlussbericht der Parteien. Den Minderheitsberichten von Grünen und BZÖ ist zu entnehmen, dass sich der damalige Verkehrsminister Faymann nicht als Zeuge zur Verfügung stellen musste. Der ungarische Lobbyist Gulya blieb dem Ausschuss fern – er war unauffindbar. Für seine Tätigkeit hätte kein Leistungsnachweis festgestellt werden können.

Verdacht auf Parteienfinanzierung

ÖBB-Aufsichtsratschef Horst Pöchhacker meinte dazu, es sei »naiv«, Lobbyisten nach deren Leistung zu fragen. Nun, als Gentleman zahlt man offenbar ganz einfach, ohne viel zu fragen. In einem Oppositionsbericht ist die Rede vom »Verdacht auf Schmiergeldzahlungen Richtung Ungarn oder Kickbackzahlungen an eine österreichische Partei« – es gibt dazu aber keinen Beweis.

Die Grünen schreiben in ihrem Bericht auch, dass im vertraulichen Ausschuss entgegen der Geschäftsordnung ein ungebetener Gast anwesend war und zuhörte – eine Mitarbeiterin der derzeitigen Verkehrsministerin Doris Bures (SPÖ). Zur Zeit des MÁV-Cargo-Kaufs war Bures für die Finanzen der SPÖ zuständig gewesen.

Die Grünen äußern in ihrem Bericht den Verdacht, dass es möglicherweise eine verdeckte Parteienfinanzierung gegeben habe. Der Verdacht konnte nicht aufgeklärt werden, weil der ungarische Lobbyist der Ladung als Auskunftsperson nicht nachkam und deshalb nicht befragt werden konnte.

Im Jänner 2013 gab es in Österreich auf Ersuchen der Oberstaatsanwaltschaft Budapest erneut Hausdurchsuchungen in ÖBB-Büros und Privatwohnungen von ÖBB-Managern. Eine Sprecherin der Staatsanwaltschaft erklärte, dass wegen Bestechungsverdacht und möglicher Schmiergeldzahlungen ermittelt werde.

ÖBB-Aufsichtsratschef Horst Pöchhacker bestätigte Ende Juni 2013, dass in der Sache MÁV Cargo noch Ermittlungen gegen ihn laufen. Er sei überzeugt davon, sagt er, dass da nichts herauskommen wird.

Die Korruptions-Staatsanwaltschaft in Wien erklärte Anfang Juli 2013, dass die Ermittlungen in Österreich abgeschlossen sind, dass es aber noch ein offenes Rechtshilfeersuchen an die Schweiz gibt und erst nach Eintreffen von Unterlagen über die weitere Vorgangsweise entschieden wird. Es geht um fünf Beschuldigte, darunter auch ÖBB-Manager.

Verkehrsministerin Doris Bures erklärte in einer Stellungnahme, dass die Anwesenheit einer Mitarbeiterin im parlamentarischen Ausschuss nicht geschäftsordnungswidrig war und deshalb auch der Verdacht auf Parteienfinanzierung nicht nachvollziehbar sei. Auf Anfrage bestätigte die Parlamentsdirektion, dass die Anwesenheit der Bures-Mitarbeiterin rechtskonform war.

Lukratives Immobiliengeschäft von Huber & Huber

Billig kaufen, teuer verkaufen! So funktionieren gute Geschäfte. Eine Grundvoraussetzung dafür ist meistens, dass man die richtigen Leute kennt. Die Firma »Schillerplatz 4« Projektentwicklungs GmbH (SP 4) kaufte im Jahr 2006 von der Telekom Austria zwei Geschosse eines wertvollen Gebäudes am Schillerplatz in der Wiener Innenstadt – Kaufpreis: 5,4 Millionen Euro – und verkaufte diese nur ein Jahr später um elf Millionen Euro an die Firma Seeste. Laut *Kurier* verbarg sich hinter der Firma SP4 das Ehepaar Huber. 75 Prozent hielt treuhändig der Steuerberater des damaligen ÖBB-Chefs Martin Huber; die restlichen 25 Prozent gehörten Hubers Ehefrau Barbara Huber-Lipp.

Zufälligerweise ist die Seeste eine der großen Auftragnehmerinnen der ÖBB. Beispielsweise erwarb sie von den ÖBB im Zusammenhang mit dem Bau des neuen Wiener Hauptbahnhofes ein großes Grundstück und ist nun einer der Haupt-Investoren des umliegenden neuen Stadtteils.

Ein Zufall trifft den anderen

Ebenfalls zufälligerweise saß der langjährige Telekom-Vorstand und stellvertretende Generaldirektor Rudolf Fischer im Aufsichtsrat der ÖBB und war laut Tageszeitung *Die Presse* außerdem ein enger Freund und Golfpartner der Familie Huber. An den Verkaufsverhandlungen des Schillerplatz-Gebäudes war Fischer allerdings nicht beteiligt. Fischer war eine der Schüsselfiguren im sogenannten Telekom-Skandal, bei dem ein Netzwerk von Managern zahlreiche Politiker, Parteien, Lobbyisten und Freunde mit Geld versorgte und die halbe Republik unter Korruptionsverdacht brachte. Wegen Beteiligung an einer Kursmanipulation zugunsten von Telekom-Managern wurde Rudolf Fischer im Februar 2013 zu drei Jahren Haft verurteilt. Das Verfahren ist nicht rechtskräftig und geht in die nächste Instanz.

Eine Anzeige

Die merkwürdigen Umstände beim Ein- und Verkauf der Schillerplatz-Immobilie weckten jedenfalls den Verdacht der Staatsanwaltschaft, die aufgrund einer Anzeige der Grünen-Abgeordneten Gabriela Moser 2008 wegen des Verdachts auf Untreue zu ermitteln begann, das Verfahren im Mai 2009 jedoch einstellte.

Aufgrund einer zweiten Anzeige von Moser wurden die Ermittlungen 2011 erneut aufgenommen.

Hubers Anwalt erklärte, sein Mandant wolle auf keine der von mir gestellten Fragen – betreffend Schillerplatz, Terminal Tower Linz und »Sieben Millionen für den Werner« – antworten, weil in diesen Sachverhalten Verfahren anhängig seien und der Respekt vor den Gerichten es gebiete, jetzt zu schweigen.

Ein frisiertes Gutachten

Huber hat alle Vorwürfe zum Kauf immer zurückgewiesen. Aus justizinternen Ermittlungsunterlagen geht laut einem *Kurier*-Bericht vom 25. Februar 2013 hervor, dass zur Rechtfertigung des Geschäfts von der Telekom ein »falsches Beweismittel« vorgelegt wurde – ein rückdatiertes Sachverständigen-Gutachten.

Ende Juli 2013 berichtete der *Kurier*, dass die Justiz ihre Ermittlungen abgeschlossen habe und auch das Justizministerium dem Vorhabensbericht der Staatsanwaltschaft – Anklageerhebung gegen mehrere Beschuldigte – zugestimmt habe. Auf der Anklageliste sollen sich außer dem Ex-ÖBB-Chef Martin Huber und seiner Frau auch zwei ehemalige Telekom-Manager, ein Gutachter sowie die frühere Mitarbeiterin der Telekom-Immobilienabteilung und jetzige Chefin des ÖBB-Personenverkehrs Birgit Wagner sowie ein Ex-Kollege von ihr befinden – wegen des Verdachts auf Beweismittelfälschung und Begünstigung. Huber ist laut *Kurier* froh, dass die Sache »nun vor einem Gericht verhandelt wird«. Alle Beschuldigten weisen die Vorwürfe zurück, und es gilt die Unschuldsvermutung.

Funktionen von Ex-ÖBB-Chef Martin Huber laut Wikipedia und ÖBB

- 2003 bis 2004 Vorstand der PORR AG
- 2004 bis 2008 Generaldirektor der ÖBB-Holding AG
- 2004 bis 2008 Vizeaufsichtsratsvorsitzender der ÖBB-Dienstleistungs GmbH
- 2005 bis 2008 Aufsichtsratsvorsitzender der ÖBB-Infrastruktur Bau AG
Martin Huber kam 2004 unter der schwarz-blauen Regierung unter Bundeskanzler Wolfgang Schüssel an die Spitze der ÖBB und wurde 2008 von der rot-schwarzen Regierung unter Werner Faymann abberufen. Huber wird politisch der ÖVP zugeordnet.

Des Kaisers neue Kleider

Im Jahr 2008 schlossen die ÖBB bei einer Firma, die laut einer von den Grünen gestellten parlamentarischen Anfrage vom 11. Mai 2011 an Verkehrsministerin Doris Bures bereits nach Pleite gerochen habe und später tatsächlich pleiteging, einen Rahmenvertrag zur Lieferung von 120 000 Uniformen für 15 000 Beschäftigte ab – Schaffner, Schalterbedienstete und Fahrdienstleiter. Im Durchschnitt waren das also acht Uniformen pro Person! Das Geschäft hatte einen Umfang von insgesamt 1,35 Millionen Euro. Verantwortlich für den Auftrag war unter anderem der damalige ÖBB-Holding-Chef Martin Huber. In ihrer parlamentarischen Beantwortung verwies Verkehrsministerin Bures auf die Zuständigkeit der ÖBB.

Aufgrund einer anonymen Anzeige im Jahr 2012 begann die Staatsanwaltschaft mit Ermittlungen. Die ÖBB wiesen alle Vorwürfe zurück, bestätigten jedoch Qualitätsmängel bei den Uniformen. Diese hatten eine hautreizende Wirkung und verloren bereits nach kurzer Zeit ihre Farbe.

Ex-ÖBB-Chef Martin Huber wies jede Verantwortung von sich. Er habe mit der Beschaffung der Uniformen nichts zu tun gehabt.

Die Staatsanwaltschaft Wien erklärte Ende Juni 2013, dass die Ermittlungen in diesem Fall noch nicht abgeschlossen sind.

Kassieren & kassieren

Aufsichtsräte erhalten für ihre Tätigkeit pauschale Entschädigungen. So auch Eduard Saxinger, von Beruf Rechtsanwalt und von 2007 bis 2010 nebenbei Vizevorsitzender des Aufsichtsrats der ÖBB sowie Aufsichtsratsvorsitzender der Autobahn-Gesellschaft ASFINAG. Für den Aufsichtsratsposten bei den ÖBB erhielt er 34 000 Euro pro Jahr.

Für den Zeitraum Juli bis Oktober 2008 erhielt er jedoch zusätzlich 120 000 Euro für die »Erstellung von Rechtsgutachten« und die »Aufbereitung entscheidungsreifer Beschlüsse«. Und das ohne Aufsichtsratbeschluss, der in solchen Fällen von den ÖBB vorgeschrieben wäre.

Aufsichtsratschef Horst Pöchhacker, der für das Extra-Honorar verantwortlich war, rechtfertigte das in einem Bericht der *Presse* vom November 2009 damit, dass es sich nicht um einen separaten Auftrag des Aufsichtsrates, sondern um »Mehrarbeit« im Rahmen seiner Aufsichtsratstätigkeit gehandelt habe. Und deshalb sei auch kein Beschluss nötig gewesen.

»Prävention«

Was bei den ÖBB läuft und wie das läuft, zeigt sich anschaulich am Beispiel der Tochterfirma Wellcon. Ein bisserl Sport, ein bisserl Ergonomie, ein bisserl Beratung für Auslandsreisen, Kunstevents und viel Gesundheitsblabla – diesen Eindruck vermittelt die Homepage der Firma. Gegründet wurde sie 1997 von den ÖBB und der Versicherungsanstalt für Eisenbahnen und Bergbau, als »Gesellschaft für Prävention und Arbeitsmedizin«. War das vielleicht ein Versuch, präventiv gegen die weitverbreitete ÖBB-Krankheit »Frühpensionitis« vorzugehen?

Liest man den im Jänner 2013 erschienen Prüfungsbericht des Rechnungshofes über die Wellcon, hat man den Eindruck, die wichtigste Aufgabe der Firma liege darin, sich präventiv um die Bedürfnisse der eigenen Mitarbeiter zu kümmern; vor allem in Sachen Bezahlung.

Hohe Zusatzkosten

Der Rechnungshof kritisiert, dass es in sechs Jahren fünf Geschäftsführer gab, deren vorzeitige Ablösung »mit hohen Zusatzkosten verbunden war«.

Beispielsweise eine Medizinerin, die im Mai 2007 »aufgrund wesentlicher Mängel« ihren Job als Geschäftsführerin zurücklegen musste und herabgestuft wurde auf »ärztliche Leiterin«. Trotzdem kassierte sie noch ein halbes Jahr ein zusätzliches Gehalt als Geschäftsführerin. Mehrkosten für die Firma Wellcon: rund 24 000 Euro.

Der Rechnungshof äußert aber nicht nur Kritik an der Geschäftsführung, sondern an fast allen Geschäftsbereichen, die geprüft wurden.

Fragen über Fragen

Zum Beispiel gab es bei der Wellcon eine Kundenbefragung. Man will ja schließlich wissen, ob das, was man tut, irgendeinen Sinn hat. Ergebnis:

Die Online-Befragung von 22 Personen zog sich von 2009 bis 2012 und kostete 12 950 Euro. Pro Person gab man dafür also knapp 600 Euro aus.

Und was wurde gefragt? Nach der Zufriedenheit der Kunden – was auch immer das bedeutet.

Im Bereich der Arbeitsmedizin lautete beispielsweise eine Frage, ob sich die Rückenbeschwerden durch das Wellcon-Angebot besserten. Achtzehn Prozent bejahten.

Nur achtzehn Prozent? Offenbar gilt das bei Wellcon als Beleg für Erfolg. Und das, obwohl es gängiges medizinisches Wissen ist, dass gerade bei der Behandlung von Rückenschmerzen der Placebo-Faktor eine sehr große Rolle spielt. In vierzig Prozent aller Fälle bessern sich die Beschwerden, egal, womit sie behandelt werden oder ob sie überhaupt behandelt werden.

Der Rechnungshof kritisiert auch, dass es bei Wellcon im Bereich Arbeitsmedizin keine Erfolgskontrolle gibt. Anders ausgedrückt: Es ist nicht sicher, ob Wellcon überhaupt einen Nutzen für die Kunden hat.

Viel Geld für nichts

Vielleicht wäre es am sinnvollsten, die Wellcon einfach zuzusperren. Damit könnten Gewerkschaft und ÖBB viel Geld sparen – rund acht Millionen Euro pro Jahr. Allein schon für externe Beraterleistungen zahlt Wellcon jährlich zwischen 115 000 und 450 000 Euro. Zu manchen Beratungsleistungen fand der Rechnungshof überhaupt keine Unterlagen.

Insgesamt scheint der Betrieb ein ziemlicher Sauhaufen gewesen zu sein. Verträge für Beraterleistungen, Werkverträge für Ärzte und Dienstverträge für die Mitarbeiter fehlten. Ohne vertragliche Vereinbarung wurden Extravergütungen an Ärzte bezahlt. Häufig wurden Extravergütungen an Mitarbeiter bezahlt, ohne zu prüfen, ob sie überhaupt Anspruch darauf hatten. Es wurde auch nicht geprüft, ob verrechnete Leistungen überhaupt durchgeführt wurden. Und es wurden Rechnungen bezahlt, für die es keine vertraglichen Voraussetzungen gab. Offenbar wurde das Betriebsziel »Prävention« auch bei den Ausgaben angewandt, in Form von präventiv bezahlten Prämien und Honoraren.

Millionen-Anwälte

2002 schloss der damalige ÖBB-Generaldirektor Rüdiger vorm Walde einen Pauschalvertrag mit dem SPÖ-nahen Anwalt Gabriel Lansky beziehungsweise seiner Kanzlei Lansky, Ganzger & Partner – LGP) über ein Honorar von insgesamt 15,6 Millionen Euro. Die Frage, ob der Vertrag zwischen Lansky persönlich oder der Kanzlei LGP geschlossen wurde, wollte Lansky Ende Juni 2013 nicht beantworten: Über Beziehungen zu Klienten gebe man grundsätzlich keine Auskunft.

Jedenfalls wurde dieser Vertrag 2006 vom österreichischen Rechnungshof geprüft. Der Folgendes feststellte: Das Stundenhonorar der Kanzlei liege bis zu 79 Prozent über den bisher für Rechtsberatung bezahlten Durchschnittshonoraren. Und: »Unabhängig vom tatsächlichen Leistungsumfang« sei »für die laufende rechtliche Beratung« des ÖBB-Vorstands ein Pauschalhonorar von 25 000 Euro monatlich vereinbart worden, »obwohl dafür die hauseigene zentrale Rechtsabteilung vorgesehen war«.

4,5 Millionen Euro

Nach einer heftigen öffentlichen Diskussion gelang es dem inzwischen neu eingesetzten Generaldirektor Martin Huber im Jahr 2007, den alten Vertrag aufzulösen und mit der Kanzlei Lansky, Ganzger & Partner (LGP) einen neuen abzuschließen. Über einen Zeitraum von zehn Jahren sollte die Kanzlei insgesamt häppchenweise 4,5 Millionen Euro erhalten. Im Extremfall sollte das Geld auch dann fließen, wenn von der Kanzlei keine Leistung erbracht wurde.

Als der nunmehrige ÖBB-Generaldirektor Christian Kern im Jahr 2010 seinen Job antrat, wurde der Vertrag mit der Anwaltskanzlei erneut zum öffentlichen Thema. Gegenüber Journalisten betonte Lansky, dass die Kanzlei die im Vertrag enthaltene Garantieklausel nie in Anspruch genommen habe und »kein Euro verrechnet wurde, dem keine Leistung gegenüberstand«.

Auch die ÖBB erklärten in einer Presseaussendung: »Jede verrechnete Leistung wurde erbracht und ist jederzeit überprüfbar. Im Übrigen wurde der ursprüngliche, im Jahr 2002 abgeschlossene Vertrag im Jahr 2007 auf Empfehlung der Finanzprokuratur – der Rechtsvertretung der Republik Österreich – abgeändert.«

Rechtsanwaltskanzlei Lansky, Ganzger & Partner

Dr. Gabriel Lansky
ist einer der schillerndsten Anwälte Österreichs. Er vertrat Natascha Kampusch, Bianca Jagger, Waris Dirie, den News-Verlag, ist Präsident der Österreichisch Israelischen Handelskammer und engagiert sich für Ärzte ohne Grenzen.

Lansky besitzt laut Wirtschaftsdatenbank Orbis einen Anteil von knapp zwei Dritteln an der Rechtsanwaltskanzlei, die auch seinen Namen trägt. Diese wies 2011/12 einen Bilanzgewinn von rund 2,7 Millionen Euro aus und hatte 122 Beschäftigte.

Lansky besitzt laut Wirtschaftsdatenbank Orbis direkt oder indirekt Anteile an mehreren Firmen, etwa der Illuminatic Trading GmbH in Eisenstadt, der LGP Infrastruktur- und Projektentwicklung GmbH in Wien, der East Tra Trading GmbH in Bad Sauerbrunn, und ist Geschäftsführer der Boundless Public Relations GmbH in Wien und der LGP Legal Solutions S.R.O. in Bratislava.

Lansky besitzt außerdem einen kleinen Anteil an der ÖBB-Firma »Express Interfracht« (siehe Seite 121). Dazu wollte Lansky Ende Juni 2013 nicht Stellung nehmen. Er erklärte, dass die Kanzlei zu Klientenbeziehungen grundsätzlich keine Auskunft gebe.

Lansky kandidierte mehrfach als SPÖ-Kandidat bei Nationalratswahlen und engagierte sich 2006 öffentlich für die Wahl von Alfred Gusenbauer zum Bundeskanzler.

Dr. Gerald Ganzger

besitzt laut Wirtschaftsdatenbank Orbis einen Anteil von knapp einem Drittel an der Rechtsanwaltskanzlei LGP, die auch seinen Namen trägt. Weiters besitzt er direkt oder indirekt Anteile an mehreren Firmen, etwa der Illuminatic Trading GmbH in Eisenstadt, der LGP Infrastruktur- und Projektentwicklung GmbH in Wien, der Premium Distribution GmbH. Ganzger ist außerdem Geschäftsführer der Boundless Public Relations GmbH in Wien und der Astra Investition GmbH.

Zudem besitzt Ganzger einen kleinen Anteil an der ÖBB-Firma »Express Interfracht« (siehe Seite 121).

ÖBB-Unterstützung für Wolfgang Schüssel und die SPÖ

Um den sechzigsten Geburtstag von Bundeskanzler Wolfgang Schüssel im Juni 2005 gebührend zu feiern, planten ÖVP-Generalsekretär Reinhold Lopatka und ÖVP-Direktor Michael Fischer die Herausgabe einer Festschrift. Die ÖVP war an der Macht, die ÖVP hatte Einfluss, und so war es naheliegend, dass die Kosten dafür nicht von Schüssels Partei, sondern von einem staatseigenen Unternehmen getragen werden sollten. Denn, wo samma denn? – In Österreich! Und wozu hamma beispielsweise die ÖBB? Na genau dafür, zum Beispiel!

ÖBB-Geld für Wolfgang Schüssel

Gesagt, getan. Lopatka und sein ÖVP-Kompagnon schickten also folgenden, in der Zeitschrift *News* abgedruckten Brief an den von der ÖVP inthronisierten ÖBB-Generaldirektor Martin Huber: »Sehr geehrter Herr Generaldirektor! Wie du weißt, wird Bundeskanzler Dr. Schüssel heuer im Juni seinen 60. Geburtstag begehen. In diesem Zusammenhang wollen wir eine Festbroschüre und ein Programm für die Geburtstagsfeier am 5.6.05 um 17 Uhr, zu der du bereits eine Einladung erhalten hast, auflegen. Gerne möchte ich mich mit der Bitte um Unterstützung für dieses Projekt an dich wenden.«

Und ersuchten Huber um ein einseitiges Inserat in der Broschüre in der Höhe von 15 000 Euro plus Nebenkosten, mit folgendem Hinweis: »Dein Beitrag, der in so exklusivem Rahmen präsentiert wird, ist sicherlich auch ein schönes Zeichen deiner Verbundenheit mit Wolfgang Schüssel.«

ÖBB-Chef Martin Huber hatte keine Einwände, und so zahlte das staatliche Bahnunternehmen insgesamt 17 000 Euro, für die Veröffentlichung eines Inserats mit dem Titel »Bahn wirkt«.

Ein ganz normaler Vorgang

Delikat an dieser Sache ist, dass ausgerechnet Reinhold Lopatka, damals ÖVP-Generalsekretär und derzeit Staatssekretär im Außenministerium, als Bittsteller bei den ÖBB auftrat. Denn Lopatka ist bekannt als scharfer Kritiker von ÖBB-Privilegien. Seine Stellungnahme: Die Bitte um einen Beitrag zum Schüssel-Fest sei ein »ganz normaler Vorgang« gewesen. Es sei nicht das einzige Unternehmen gewesen, das er angeschrieben habe.

ÖBB-Geld für die SPÖ

Lopatka wurde von SPÖ-Geschäftsführer Günther Kräuter heftig kritisiert. Dieser geriet selbst in die Kritik, weil sich herausstellte, dass die SPÖ bei den ÖBB ebenfalls ein derartiges Inserat gekeilt hatte: im Jahr 2005, in einer SPÖ-Festschrift über deren sechzigjährige Vergangenheit. Titel: »Leistung. Aufstieg. Sicherheit. Die SPÖ in der Zweiten Republik«.

Der Titel des ÖBB-Inserats war derselbe wie für das Inserat in der Schüssel-Festschrift: »Bahn wirkt«. Laut Kräuter bezahlten die ÖBB dafür 12 000 Euro. Er betonte, es habe sich »keinesfalls« um Sponsoring gehandelt. Aufgrund der Großauflage von 250 000 Stück sei der Werbewert für die ÖBB eindeutig gegeben gewesen.

Verdacht auf Betrügereien bei Güterzügen

Im Mai 2011 erstattete der Waschmittelkonzern Procter & Gamble wegen verdächtiger Vorgänge beim Gütertransport von Österreich nach Griechenland Anzeige bei der Staatsanwaltschaft in Wels. Es ging um Überladungen von ÖBB-Container-Transporten, um falsche Frachtbriefe und falsche Abrechnungen. Der Schaden zu Lasten der ÖBB soll bei mehr als zwei Millionen Euro liegen.

Deshalb ermittelt seit Herbst 2011 die Staatsanwaltschaft Wels gegen den Firmenbesitzer Richard Gartner und vier Mitarbeiter der Lambacher Speditionsfirma Gartner KG wegen des Verdachts auf schweren und gewerbsmäßigen Betrug. ÖBB-Manager sollen schon eine Zeitlang vor Auffliegen des Skandals von den Vorgängen informiert gewesen sein, sollen aber nichts dagegen unternommen zu haben. Das bestreiten die ÖBB und haben sich dem Ermittlungsverfahren als Privatbeteiligte angeschlossen, um finanzielle Ansprüche zu wahren. Auch die unter Verdacht stehende Speditionsfirma Gartner KG bestreitet die Vorwürfe. Für alle Beschuldigten gilt die Unschuldsvermutung.

Die Staatsanwaltschaft Wels erklärte Ende Juni 2013, dass die Ermittlungen des Landeskriminalamtes abgeschlossen sind. Zur Ermittlung der genauen Schadenshöhe wurde bei einem Sachverständigen ein Gutachten beauftragt. Wenn das vorliegt, wird über das weitere Vorgehen entschieden.

Millionen-Abschiede

Für Martin Huber

Martin Hubers vorzeitiger Abschied als Generaldirektor der ÖBB im April 2008 wurde ihm mit einer Zahlung von 477 000 Euro versüßt. Weitere 306 000 Euro kassierte er in Form eines Konsulentenvertrages. Darüber hinaus forderte er jedoch 357 000 Euro an Bonuszahlungen für das Jahr 2007.

Im Sommer 2010 übte der Rechnungshof scharfe Kritik an der »überaus großzügigen finanziellen Abgeltung« beim Rücktritt von Huber – insgesamt 1,29 Millionen Euro. Darin sei sogar ein »Erfolgshonorar« von rund 357 000 Euro enthalten, für den Fall, dass sich das Spekulationsgeschäft mit der Deutschen Bank noch positiv entwickle – was dann aber nicht der Fall war, weil die ÖBB durch eine Vergleichszahlung die Verluste auf 295 Millionen Euro begrenzte. Die ÖBB erklärten Anfang Juli 2013, Huber habe nach seinem Ausscheiden keinen Bonus für das Jahr 2007 erhalten. Der Rechnungshof kritisierte auch folgenden Punkt:

Obwohl der Beratungsinhalt des Konsulentenvertrags, den Huber bei seinem Abgang erhielt, nicht definiert war und die ÖBB keine Beratungsleistung in Anspruch nahm, habe man ihm 306 000 Euro (ohne Umsatzsteuer) bezahlt. Als besonderes I-Tüpfelchen erwähnte der Rechnungshof, dass Huber seine Rechte und Pflichten aus diesem Vertrag an eine ihm gehörende Gesellschaft abgetreten habe, »wodurch sich ihm steuerliche Optimierungsmöglichkeiten eröffneten«.

Unruhe schadet

Der Rechnungshof rügte auch, dass der Aufsichtsrat der ÖBB-Holding trotz Vorliegens entsprechender Gutachten nicht geprüft habe, ob ÖBB-Generaldirektor Huber und ÖBB-Finanzchef Erich Söllinger ihre Pflichten grob verletzt hatten und deshalb keinen Anspruch auf Abfindungen gehabt hätten. Und entgegen der Empfehlung des Rechnungshofes wurden sowohl die verantwortlichen Vorstände als auch die Aufsichtsräte nicht verklagt. Warum?

Begründung von Aufsichtsratschef Horst Pöchhacker vor dem Untersuchungsausschuss des Parlaments. »Eine derartige Unruhe in der Bahn hätte dem Unternehmen geschadet.«

Der jetzige ÖBB-Generaldirektor Christian Kern und die verantwortliche Ministerin Doris Bures seien laut einem parlamentarischen Minderheitenbericht der Grünen aus dem Jahr 2011 nicht bereit gewesen, sich als Privatbeteiligte einem von der Staatsanwaltschaft betriebenen Verfahren gegen insgesamt zehn damals verantwortliche ÖBB-Manager anzuschließen.

Für Andreas Fuchs

Andreas Fuchs, der als Lehrling bei den ÖBB begonnen hatte und es im Lauf von 28 Jahren bis zum Finanzchef der ÖBB-Gütersparte Rail Cargo Austria gebracht hatte, wurde im Sommer 2012 vorzeitig abgelöst. Und soll laut verschiedenen Medienberichten 1,6 Millionen Euro Abfertigung erhalten haben. Die ÖBB bestreiten allerdings, dass die Abfertigungszahlung so hoch sei. Fuchs selbst wollte dazu nichts sagen.

ÖBB-Aufsichtsratschef Horst Pöchhacker erklärte Ende Juni 2013, Fuchs habe 28 Jahre bei den ÖBB gearbeitet und das bekommen, was ihm zustand. Außerdem werde Fuchs bis Ende 2013 als Berater für die ÖBB tätig sein. Im Widerspruch dazu erklärten die ÖBB in einer offiziellen Stellungnahme vom 9. Juli 2013, Fuchs sei derzeit nicht für die ÖBB tätig.

Warum wurde Fuchs vorzeitig abgelöst? Angeblich gab es schwerwiegende Differenzen mit ÖBB-Chef Christian Kern über die strategische Ausrichtung der Gütersparte. Diese ist seit längerem ein Problemfall im ÖBB-Konzern, weil sie in den vergangenen Jahren enorme Schulden anhäufte: 2010 330 Millionen Euro, 2011 54 Millionen Euro. 2010 erzielte sie jedoch einen kleinen Gewinn.

Die ÖBB erklären, dass es inhaltliche Dispute zwischen Fuchs und Generaldirektor Kern gegeben habe, sei eine Mystifikation, durch wen auch immer.

Für Rüdiger vorm Walde

Nachdem die schwarz-blaue Regierung 2001 an die Macht gekommen war, wurde der Vertrag mit dem SPÖ-nahen ÖBB-Generaldirektor Helmut Draxler nicht mehr verlängert, und der deutsche Manager Rüdiger vorm Walde übernahm den Posten. Fast von Beginn an wurde dessen fachliche Kompetenz in Zweifel gezogen. Anfang 2005 musste vorm Walde ohne Angabe von Gründen vorzeitig gehen. Er habe »glücklos« agiert, hieß es in diversen Medien. »Glück« oder wie immer man das nennen mag, hatte vorm Walde zumindest bei seinem Abgang. Sein bis Ende Juli 2006 laufender Vertrag soll ihm laut einem Bericht im *Format* genauso ausbezahlt worden sein wie die Abfertigung in der Höhe einer Jahresgage. In Summe rund 1,2 Millionen Euro. Er selbst wollte diese Summen nicht kommentieren. Die ÖBB ebenfalls nicht.

Siemens und die ÖBB

Innerhalb des Weltkonzerns Siemens gilt die österreichische Tochterfirma als hochprofitabel. Das hat wohl auch damit zu tun, dass diese hierzulande sehr viele öffentliche Aufträge erhält. Für Siemens ist es deshalb von entscheidender Bedeutung, an der Spitze Leute mit erstklassigen politischen Kontakten zu haben. Das beste Beispiel dafür ist Brigitte Ederer – ihr Wechsel von der Politik zu Siemens war für den Konzern wohl ein Geschenk des Himmels. Ederer war von 1977 bis 1992 zunächst in der »roten« Arbeiterkammer tätig und wechselte 1992 in die Politik, wo sie als Staatssekretärin mit dem berühmten »Ederer-Tausender« für den Beitritt Österreichs zur EU warb.

Von 1994 bis 1997 war sie Bundesgeschäftsführerin der SPÖ, und danach wurde sie Finanzstadträtin von Wien. Im Jahr 2000 gab sie einem Lockruf von Siemens Österreich nach, wurde in den Vorstand berufen und im Dezember 2005 zur Generaldirektorin und Vorstandsvorsitzenden gekürt. 2010 holte sie der Konzern in die Zentrale nach Deutschland. Seither ist sie europaweit für das Siemens-Personal zuständig.

Und immer wieder SPÖ

Nach Ederers Wechsel in die deutsche Siemens-Zentrale bestellte Siemens Österreich im Jahr 2010 einen Mann an die Spitze, der ebenfalls über erstklassige politische Kontakte verfügte: Wolfgang Hesoun. Im Unterschied zu Ederer hatte der seine Karriere in der »roten« Baugesellschaft PORR gemacht – die ebenfalls ganz wesentlich von Aufträgen der öffentlichen Hand lebt. Hesoun war bei der PORR zwischen 1982 und 1987 für die Bauleitung und Inbetriebsetzung von Großkraftwerken der Siemens-Tochter Kraftwerk Union verantwortlich.

Dass Hesouns Onkel Josef jahrzehntelang eine Schlüsselfunktion in der österreichischen Gewerkschaft spielte, ist für den jetzigen Siemens-Chef sicher kein Nachteil. Wenn der Staat viel

Geld ausgibt, geht es Siemens gut. Wenn der Staat spart, muss auch Siemens den Gürtel enger schnallen – so simpel ist das.

So ist es kein Wunder, dass der derzeitige Chef von Siemens Österreich Ende des Jahres 2011 vor der Sparpolitik des Staates warnte und die Schuldenbremse kritisierte. Würde der Staat tatsächlich zu sparen beginnen – also beispielsweise tatsächlich aufhören, Jahr für Jahr Schulden zu machen –, hätte das wohl massive Auswirkungen auf Umsatz und Gewinn von Siemens.

Österreichische Hilfe für deutsche Siemens-Zentrale?

Trotz des vorsichtigen staatlichen Sparkurses macht Siemens immer noch fette Beute. Beispielsweise überwies Siemens Österreich laut *Presse* für das Krisenjahr 2010/11 an die Muttergesellschaft einen Bilanzgewinn von mehr als einer Milliarde Euro. Und das, obwohl operativ nur rund 71 Millionen verdient worden waren. Im Jahr davor hatte Siemens Österreich offiziell sogar Verluste gemacht und trotzdem 420 Millionen nach Deutschland überwiesen. Offenbar verfügt Siemens Österreich über jede Menge Geld, das bei Bedarf nach Deutschland überwiesen wird. Wer hat, der hat – dank staatlicher Ausgabenpolitik.

Es ist sicher auch kein Schaden für Siemens, dass die Frau des derzeitigen ÖBB-Chefs Christian Kern, Eveline Steinberger-Kern, bei Siemens Österreich eine nicht unbedeutende Position einnimmt, denn die österreichischen Eisenbahnen sind einer der wichtigsten Auftraggeber des deutschen Konzerns. Eveline Steinberger-Kern ist Leiterin des Energie-Sektors mit 3500 Mitarbeitern, hat also mit den ÖBB nichts zu tun.

Welche Verbindungen es zwischen Siemens und den ÖBB gibt, kann man anhand einer aktuellen Bestellung von ÖBB-Zügen für den Nahverkehr studieren.

Im Jahr 2010 führte die Bayerische Eisenbahngesellschaft für den Personenverkehr der Strecke München – Mittenwald eine europaweite Ausschreibung durch. Überraschenderweise bewarben sich auch die ÖBB – obwohl sie sich in Österreich immer vehement gegen Konkurrenz und öffentliche Ausschreibungen aussprachen.

Bei der Ausschreibung in Deutschland mussten die ÖBB das für den Betrieb vorgesehene Zugmaterial deklarieren.

Siemens gewinnt

Aber woher nehmen und nicht stehlen? Also mussten neue Züge bestellt werden. Und weil es sich um einen großen Auftrag handelte, gab es dafür eine europaweite Ausschreibung. Siemens gewann und erhielt von den ÖBB einen Rahmenvertrag von bis zu 200 Regionalzügen namens Desiro ML im Wert von einer Milliarde Euro.

Erwartungsgemäß unterlagen die ÖBB bei der Ausschreibung für den Personenverkehr München – Mittenwald. Das Rennen machte die Deutsche Bahn, und der Vertrag mit Siemens landete in der Schublade.

Hinter den Kulissen

2012 zeichnete sich ab, dass die ÖBB für Wien und die angrenzenden Bundesländer neue Nahverkehrstriebwagen benötigen. Sie planten nun, den alten Rahmenvertrag über die Lieferung von bis zu 200 Zügen der Marke Desiro ML wiederzubeleben. Die Fachzeitschrift *Eisenbahn Österreich* schrieb im Heft 3/2013: »Es war kein Geheimnis, dass vor und hinter den Kulissen politische und andere Fäden gezogen wurden, damit nur die Firma Siemens mit ihrem Angebot zum Zuge kommen würde.«

Weiters berichtete *Eisenbahn Österreich*: Um über die Bestellung zu entscheiden, habe der Aufsichtsrat der ÖBB-Personenverkehr AG für den 30. Jänner 2013 eine Sitzung geplant. Da sei es den für Siemens eintretenden Personen jedoch nicht gelungen, alle Aufsichtsratsmitglieder auf Vordermann zu bringen. Widerstand habe sich abgezeichnet, und man habe sogar mit einer kompletten Neuausschreibung rechnen müssen. Das hätte jedoch die Chancen von Siemens auf einen ÖBB-Großauftrag rapide verringert. Möglicherweise wäre eine Konkurrenzfirma zum Zug gekommen. Was tun?

Entscheidung für Siemens

Laut *Eisenbahn Österreich* seien hinter den Kulissen die Siemens-Freunde nicht untätig geblieben. Die Sitzung sei für 14 Uhr angesetzt gewesen, aber bereits Stunden vorher, um 9 Uhr 30, meldete die österreichische Nachrichtenagentur APA, dass das Verkehrsministerium gemeinsam mit einigen Landeshauptleuten und Siemens beschlossen habe, hundert Desiro-ML-Zugsgarnituren zu bestellen.

Siemens verlautbarte, so *Eisenbahn Österreich*, der ÖBB-Aufsichtsrat habe den Vorstand ermächtigt, die ersten hundert Desiro-ML-Züge im Wert von 550 Millionen Euro zu bestellen. Verkehrsministerin Doris Bures (SPÖ) habe offenbar über die Köpfe des zuständigen ÖBB-Gremiums hinweg beschlossen, Siemens den Auftrag zu erteilen.

Die ÖBB schreiben dazu, die Darstellung von *Eisenbahn Österreich* sei »völliger Unsinn, der Gerüchteküche zuzuordnen. Es gab keine einzige politische Intervention oder auch nur ein einziges Gespräch seitens der ÖBB mit politischen Verantwortungsträgern zur Frage, welcher Zugtyp gekauft wird.«

Der Aufsichtsratsvorsitzende der ÖBB-Holding, Horst Pöchhacker, erklärte Ende Juni 2013 gegenüber dem Autor, dass die Darstellung in *Eisenbahn Österreich* vollkommen falsch sei und die Entscheidung zum Kauf der hundert Desiro-ML-Züge in Übereinstimmung mit dem österreichischen Aktienrecht abgelaufen sei. Es entspreche keineswegs den Tatsachen, dass Verkehrsministerin Doris Bures am Aufsichtsrat vorbei Einfluss auf die Entscheidung genommen habe.

Der Generalsekretär des österreichischen Verkehrsministeriums, Herbert Kasser, erklärte Anfang Juli 2013, dass die Bestellung der Desiro-ML-Züge im Einklang mit allen rechtlichen Bestimmungen abgelaufen sei und Verkehrsministerin Doris Bures keineswegs an den zuständigen ÖBB-Gremien vorbei entschieden habe.

Die Darstellung in manchen Medien sei nicht nur falsch, sondern mehr als falsch. Die Sache sei folgendermaßen abgelaufen:

Es habe einen Rahmenvertrag aus dem Jahr 2010 gegeben, der zwischen den ÖBB einerseits und dem Bund sowie den Bundesländern andererseits abgeschlossen wurde – über die Bereitschaft von Bund und Bundesländern, neues Zugmaterial für den Nahverkehr zu finanzieren. Denn die ÖBB können ja nicht Züge bestellen, wenn es keine verbindliche Zusage über die Finanzierung gibt.

Kurz bevor ÖBB-Gremien am 30. Jänner 2013 über den Kauf neuer Nahverkehrszüge entschieden hätten, habe es von Seiten des Bundes und der Bundesländer eine Entscheidung für deren Finanzierung gegeben – man habe aus dem bereits bestehenden Rahmenvertrag aus dem Jahr 2010 eine sogenannte »Option« gezogen, wie es in der Fachsprache heißt.

Anschließend hätten sich die ÖBB dann eigenständig für Siemens-Züge der Marke Desiro ML entschieden. Es sei also alles korrekt abgelaufen.

Belgische Staatsbahnen stoppen Desiro-ML-Bestellungen

Anfang 2013 stellte sich heraus, dass der Desiro ML vielleicht nicht die Qualitäten besitzt, die ihm zugeschrieben werden. Laut der belgischen Zeitung *L'Echo* vom 12. Februar 2013 stoppten die belgischen Staatsbahnen, die bei Siemens 305 Desiro ML bestellt hatten, den Auftrag, weil bei Probefahrten insgesamt 1500 Probleme aufgetreten seien – von Türdefekten bis zu Software-Mängeln. 906 dieser Berichte seien von Siemens als Garantiefälle anerkannt worden, 517 würden noch untersucht und 77 von der Garantie ausgeschlossen. Angeblich habe Siemens bereits 25 Millionen Euro Strafe zahlen müssen.

Ein Pressesprecher von Siemens erklärte dazu Anfang August

2013 in einer Stellungnahme: »Im Unterschied zu PKW's kann man Züge, die an verschiedene Verkehrsunternehmen geliefert werden, nicht direkt vergleichen. Züge werden je nach Auftraggeber individuell angefertigt. Der für die ÖBB hergestellte Desiro ML sieht dem Desiro ML für die belgische Staatsbahn optisch zwar ähnlich – es gibt jedoch sehr große Unterschiede in der Ausstattung, etwa in der Fußbodenhöhe und dem Abstand zum Bahnsteig, oder in der Anzahl, Größe und Anordnung der Türen.

Bei der Bestellung von Zügen sind oft sehr unterschiedliche Interessensgruppen beteiligt und es ist oft eine hochpolitische Angelegenheit.« Beim Desiro ML für die belgische Staatsbahn habe es tatsächlich eine Zeitlang einen Abnahmestop gegeben. Da habe es tatsächlich eine Reihe von Kinderkrankheiten gegeben, bei den Toilettentüren oder beim Öffnen und Schließen von Wagentüren. Seit März/April seien diese Probleme aber ausgeräumt und Siemens liefere die Züge wieder wie vereinbart. Zu den vertraglichen Details über Pönalzahlungen wolle man sich nicht äußern.

Mit den ÖBB habe man im Januar 2013 vorerst eine Vereinbarung über die Lieferung von 340 Zügen für den S-Bahn-Verkehr in Wien und NÖ und 70 Zügen für den Regionalverkehr in OÖ und der Steiermark getroffen.

Aufsichtsratschef Horst Pöchhacker erklärte in einem Gespräch mit dem Autor Ende Juni 2013, die bestellten Züge seien keineswegs von schlechter Qualität – es handle sich dabei um das übliche Gerede von Konkurrenten, die nicht zum Zug gekommen seien. Alle notwendigen Instanzen der ÖBB hätten das genau überprüft.

Und die ÖBB erklärten: »Wir haben den besten Zug zum besten Preis nach intensiven Verhandlungen mit Siemens gekauft. Die Züge wurden aus einer bestehenden Rahmenvereinbarung abgerufen. Diese Rahmenvereinbarung wurde im Zuge einer EU-weiten Ausschreibung rechtskonform an Siemens vergeben.«

Preisabsprachen im Güterverkehr

Der Güterverkehr scheint besonders korruptionsanfällig zu sein. Derzeit gibt es in Österreich zwei Verfahren wegen des Verdachts verbotener Preisabsprachen, an denen auch ÖBB-Firmen beteiligt gewesen sein sollen.

Speditionskartell

Anfang der 1990er Jahre schlossen sich mehr als vierzig österreichische Speditionsfirmen zu einem Kartell zusammen, um Preisabsprachen vorzunehmen. Auch die ÖBB spielten da irgendwie mit. Ein auf Wettbewerbsrecht spezialisierter Anwalt erklärte in einem Gutachten, bei diesem Kartell sei rechtlich alles in Ordnung. Auch das nationale Kartellgericht entschied 1996, alles sei im Einklang mit österreichischem Recht. Die österreichische Bundeswettbewerbsbehörde sah das jedoch anders und erhob Einspruch.

Im Juni 2013 entschied der Gerichtshof der Europäischen Union, das österreichische Kartellgericht habe übersehen, dass 1996 bereits europäisches Recht gegolten habe und die ursprünglich gefällte Gerichtsentscheidung daher falsch war. Laut einem Bericht in der Tageszeitung *Der Standard* vom 10. Mai 2010 drohen den ÖBB Strafen bis zu 500 Millionen Euro. Die ÖBB schätzen dieses Risiko jedoch als sehr gering ein.

Die EU veranlasst Hausdurchsuchungen

Wegen des Verdachts auf Preisabsprachen beim »Balkanzug« von Zentraleuropa nach Griechenland führte die EU-Kommission im Juni 2013 in mehreren europäischen Ländern Hausdurchsuchungen durch. Dies berichteten *Die Presse* und weitere österreichische Medien. Betroffen war unter anderem die »Express Interfracht« – eine Tochterfirma der ÖBB-Gütersparte RCA.

9. Lokführer-Tagebuch

Die folgenden Vorfälle machen deutlich, was einen Lokführer während der Arbeit erwartet:

nicht durchgeführte Reparaturen, die als »repariert« eingetragen werden, plötzliche Zwangsbremsungen durch Störungen des Zug-Sicherungssystems, Zusammenstöße mit Schafherden, flüchtende Graffiti-Sprayer, unzumutbare Zimmer zum Übernachten, arrogante Vorgesetzte und Mitarbeiter, ausfallende Funkgeräte, verschmutzte Züge, ein verletztes Pferd auf einem Bahngleis, stumme Disponenten/Fahrdienstleiter, nicht durchgeführte Reinigungsarbeiten, ignorante Manager, Anschläge auf Züge und vieles mehr.

All das kann man, wenn man Zugang hat, im ÖBB-internen Internetportal »Tfzf-Meldungen« nachlesen. Das ist die Abkürzung für »Triebfahrzeugführer«. Umgangssprachlich würde man Lokführer sagen.

Dieses Material – insgesamt etwa 5000 Seiten umfassend – macht deutlich, dass der Unmut mancher ÖBB-Mitarbeiter über die innerbetrieblichen Zustände sehr groß sein muss. Insgesamt ergibt sich dadurch ein ungeschminktes Sittenbild der ÖBB. Und zwar nicht von außen, sondern von innen. Einige wenige Meldungen sind weder skandalös noch gereichen sie den ÖBB oder den Mitarbeitern zum Vorwurf. Sie vermitteln aber einen vollständigeren Eindruck von der Beschaffenheit dieses Materials.

1300 Problem-Meldungen im Monat

Allein im Mai 2013 verfassten die Lokführer und -führerinnen in chronologischer Ordnung etwa 1300 »Meldungen« über diverse Vorfälle. Die Zahl schwankt von Monat zu Monat, manchmal ist sie höher, manchmal niedriger.

Es handelt sich um subjektive Eintragungen. Ob sie in jedem Detail stimmen, konnte nicht überprüft werden. Jedenfalls handelt es sich dabei um ein kollektives Tagebuch von etwa 4000 Lokführern und -führerinnen, in dem eine ganz eigene Sprache gesprochen wird. Dabei werden zahlreiche Abkürzungen und Codes benützt.

Um das als Außenstehender zu verstehen, benötigt man einen Führer aus dem Inneren der ÖBB, der einem hilft, sie zu entschlüsseln.

Entschlüsselung von »Tfzf-Meldungen«

Abgesehen von bahnspezifischen Abkürzungen enthalten die »Tfzf-Meldungen« auch systematische Angaben, die teilweise verschlüsselt sind:

– Die Zugnummer. Daraus ergibt sich bei Personenzügen der Fahrplan des Zuges, mit Zeitangaben und Haltestellen. Beispielsweise sind die Nummern von 1 bis 199 für internationale, hochrangige Schnellzüge wie Railjets oder ICEs reserviert, die Nummern 1500 bis 6799 für Regionalzüge und von 20 000 bis 29 900 für Züge der Wiener Schnellbahnen, die Nummern von 40 000 bis 60 000 für Güterzüge und so weiter.

– Die Nummern der Fahrzeuge (Triebfahrzeug = Lok/Triebwagen und Wagen) bestehen aus einer vierstelligen Reihennummer und einer dreistelligen Ordnungsnummer, beispielsweise 2070 047.

– Der Heimat-Stützpunkt der Lokführer. Das kann eine Abkürzung sein oder ein Code. St. Pölten Hauptbahnhof hat
beispielsweise den Code Pb. Die in den »Meldungen« ange-
führten »Heimat-Stützpunkte« oder »Stützpunkte« bedeuten
nicht unbedingt, dass sich der beschriebene Vorfall auch dort
abgespielt hat. Gelegentlich fehlen detaillierte Hinweise zum
Ort des Vorfalls.
– Der Kilometerpunkt des gemeldeten Vorfalles.

»Tfzf-Meldungen« beschreiben einerseits Vorfälle, die laut ÖBB-
internen Richtlinien pflichtgemäß von Lokführern gemeldet werden müssen: Zugunfälle, Brände, Verletzungen, Tote, Gefähr-
dungen von Personen, unerlaubtes Durchfahren von Zügen in
Betriebsstellen und so weiter.

Andererseits sind auch Vorfälle enthalten, die freiwillig gemeldet werden, etwa die Zustände in den betrieblichen Über-
nachtungsstellen.

Oft werden die Einträge von den Lokführern in einem Zustand
großer emotionaler Erregung verfasst – wenn sich beispielsweise
ein Selbstmörder vor den Zug wirft; oder bei Unfällen an Eisenbahn-Kreuzungen. Für solche Situationen gibt es Notfallpläne
zur psychischen Betreuung der Lokführer.

Wenn man die Meldungen im Lokführer-Tagebuch liest,
wundert man sich, dass nicht mehr Bahn-Unglücke passieren.
Letztlich ist das wohl auch der Umsicht und dem Verantwor-
tungsgefühl von Lokführern und anderen Bahn-Mitarbeitern
zu verdanken. Die folgende Darstellung orientiert sich nicht an
der chronologischen Originaldarstellung der »Tfzf-Meldungen«,
sondern wurde nach eigenen, inhaltlich und analytisch festgelegten Schwerpunkten vorgenommen.

Alle folgenden Informationen stammen vom April/Mai 2013.

Unter aller Würde

Das Lokführer-Tagebuch dokumentiert, wie erniedrigend die ÖBB ihre Lokführer behandeln, wenn es beispielsweise ums Übernachten geht. Dabei handelt es sich keineswegs um Einzelfälle. Allein im ersten Halbjahr 2013 sind etwa 150 Schreckensmeldungen von Lokführern beim Übernachten dokumentiert. Man fragt sich verwundert, warum die Gewerkschaft, die ja gerne ihre Muskeln spielen lässt, so etwas zulässt.

Hier einige Beispiele:

1. Der Lokführer eines Güterzugs vom Heimat-Stützpunkt Salzburg muss am 2. Mai 2013 aus betrieblichen Gründen in einem ÖBB-eigenen Zimmer übernachten. Was ihn dort erwartet, schockiert ihn: Gestank, eine Plastikliege, eine Rosshaardecke mit der Aufschrift »Fußende«, dreckiger Linoleumboden, rostiges Wasser aus der Leitung und Lärm der daneben gelegenen Wagenwerkstätte.

2. Die Zimmer, die ÖBB-Lokführern im ungarischen Grenzort Hegyeshalom zum Übernachten zur Verfügung gestellt werden, sind berüchtigt. Am 8. Mai 2013 beschwert sich ein Lokführer in einer Meldung, dass beim Zimmer Nummer 217 zwar ein Schloss eingebaut wurde, aber kein Schlüssel vorhanden sei! Außerdem gebe es, wie fast immer, kein Klopapier!

3. Am 10. Mai 2013 muss ein Lokführer am Bahnhof Wolfurt in Vorarlberg übernachten. Das für ihn reservierte Zimmer Nummer 7 ist jedoch versperrt. An der Tür hängt das Schild »Bitte nicht stören«. Nach mehrmaligem Klopfen öffnet ihm ein Kollege, der ihm erklärt, dass das für ihn reservierte Zimmer in einem Zustand sei, dass er dort nicht übernachten wolle. Es ist nicht bekannt, wo der Lokführer schließlich einen Platz zum Übernachten fand.

4. Nach der Fahrt mit dem Railjet von Innsbruck nach Wien Westbahnhof am 10. Mai 2013 sucht der Lokführer kurz vor Mitternacht sein reserviertes Zimmer Nummer 44 auf, um

dort zu übernachten. Weil das Bett so aussah, als sei es schon von mehreren Personen benutzt worden, musste er die Bettwäsche selber wechseln.

5. Am 12. Mai 2013 muss ein Lokführer betriebsbedingt in Schärding in Oberösterreich übernachten. Dort gibt es, so wie in anderen großen Bahnhöfen, Unterkünfte, die von der ÖBB-Immobilien GmbH verwaltet werden. Als der Lokführer sein reserviertes Zimmer aufsperrt, erwartet ihn eine unangenehme Überraschung: kein frisches Bett und keine Seife!

6. Ein Lokführer beschwert sich am 15. Mai 2013, dass es im Waschraum in Wolfsthal in der Nähe von Hainburg seit Monaten keine Seife, sondern nur Cif zum Händewaschen gibt.

7. Am 20. Mai 2013 muss ein Lokführer am Bahnhof Bruck/Leitha in Niederösterreich übernachten. Das für ihn reservierte Zimmer Nummer 14 ist benutzt und verschmutzt und alle anderen Zimmer ebenfalls.

Unfälle an Eisenbahn-Kreuzungen

Laut »Tfzf-Meldungen« der Lokführer kam es im Mai 2013 an Eisenbahn-Kreuzungen zu sechs Zusammenstößen und fünf Beinahe-Zusammenstößen. Hier sind einige Berichte:

6. Mai 2013, 12:25 Uhr
Regionalexpress (REX) von Braunau/Inn nach Salzburg
Nach der Haltestelle Furth kam es auf der Eisenbahnkreuzung bei Kilometer 20,2 zu einem Zusammenstoß mit einem PKW, bei dem der Fahrer unbestimmten Grades verletzt wurde.

7. Mai 2013, 14:24 Uhr
Regionalzug von Wiener Neustadt über Wöllersdorf und Pernitz
nach Gutenstein
Unmittelbar vor der Haltestelle Pernitz fuhr ein PKW trotz Rotlicht auf die Eisenbahn-Kreuzung. Beim Zusammenstoß wurde der PKW-Fahrer unbestimmten Grades verletzt. An der Lok entstand ein Sachschaden.

11. Mai 2013, 18:30 Uhr
Regionalzug auf der Südbahn Richtung Fehring nach Graz
Bei Kilometer 5,600 fuhr ein Lieferwagen trotz dreimaligem »Achtung«-Signal in die Kreuzung ein, und es kam zu einem Zusammenprall, bei dem der Wagen in ein Bachbett geschleudert wurde. Die zwei schwerverletzten Insassen wurden von der Feuerwehr geborgen und per Hubschrauber abtransportiert. Der Lokführer wurde abgelöst und mit einem privaten PKW nach Fehring gebracht.

17. Mai 2013, 15:44 Uhr
Regionalexpress (REX) von Linz Urfahr nach Aigen-Schlägl
Bei der Eisenbahn-Kreuzung in der Nähe des Sportparks Walding bei Linz fuhr ein grüner Renault Senice bei schließenden Schranken in die Eisenbahn-Kreuzung ein. Der Lokführer konnte den Zug durch eine Schnellbremsung zehn Meter davor zum Stehen bringen.

24. Mai 2013, 17:30 Uhr
Güterzug-Stützpunkt am Bahnhof Wien Kledering
Bei Kilometer 78.7 wollte ein Pritschenwagen bei Rot unmittelbar vor dem Zug die Eisenbahn-Kreuzung überqueren. Trotz Pfeifsignalen und Schnellbremsung gab es einen Zusammenprall. Es gab nur Sachschaden, aber keine Verletzten. Nach der polizeilichen Untersuchung wurde der Lokführer abgelöst.

ÖBB-Sicherheitsprobleme

Eine Analyse von Lokführer-Meldungen zeigt erschreckende Zustände bei den ÖBB-Werkstätten auf. Es geht um notwendige Reparaturen an Fahrzeugen, um die Sicherheit für die Reisenden zu gewährleisten und Verspätungen gering zu halten. Im Mai 2013 bemängeln mehr als ein Dutzend Lokführer, dass in Auftrag gegebene Reparaturen nicht durchgeführt wurden. Wiederholt drücken Lokführer auch ihre Sorge aus, dass dadurch die Sicherheit der Reisenden gefährdet ist.

Am 21. Mai 2013 stellte der Lokführer des Railjets Graz – Wien fest, dass während der Fahrt 214-mal Störungen beim »Gleitschutz« auftraten. Das ist eine technische Vorrichtung zur Verbesserung der Bremswirkung – ähnlich dem ABS-System beim Auto.

Im Reparaturbuch stieß der Lokführer auf mehrere Eintragungen, die darauf hindeuteten, dass seit dem 1. März dieselbe Störung schon öfter aufgetreten war. Einmal wurde eine Reparatur durchgeführt, ein andermal hieß es, der Gleitschutz sei Ordnung.

In seiner »Meldung« im internen ÖBB-Internetportal wies er darauf hin, dass diese Störung nun schon seit fast drei Monaten bekannt sei, und äußerte in drastischen Worten Zweifel an der Kompetenz der Werkstatt.

Dass derartige »Meldungen« von den ÖBB offenbar nicht immer ernst genug genommen werden, lässt auf Folgendes schließen:

1. Es gibt ein massives Qualitätsproblem bei den ÖBB-Werkstätten.
2. Es gibt aber auch ein Management-Problem.
   Im Folgenden ähnliche Meldungen:

6. Mai 2013, 19:30 Uhr
Regionalexpress (REX) von Wien Hauptbahnhof nach Eisenstadt
Noch vor Fahrbeginn wird am Display des Führerstandes ein Problem an der Magnetschienen-Bremse angezeigt! Der Lokführer stellt fest, dass dieses Problem bereits am Tag zuvor im Reparaturbuch gemeldet worden war und der Zug laut allgemeiner Betriebsanweisung vom 15. November 2012 gar nicht mehr mit Reisenden hätte fahren dürfen!

12. Mai 2013, 12:30 Uhr
Dienst- oder Personenzug ohne Passagiere
Der Lokführer weist darauf hin, dass die Magnetschienen-Bremse des Wagens 22 90 336 bereits seit dem 8. Jänner 2013 nicht funktioniert. Und er stellt die zynische Frage, ob hier niemand zuständig sei.

14. Mai 2013, 17:20 Uhr
Regionalzug von Villach über Hermagor nach Kötschach-Mauthen
Planmäßig sollte der Zug mit zwei Triebwagen geführt werden. Aufgrund von Störungsmeldungen wurde jedoch nur ein Triebwagen benutzt. Dieser war ebenfalls fehlerhaft, obwohl er aus der Werkstatt übernommen wurde.

14. Mai 2013, 18:15 Uhr
Regionalexpress (REX) von Lienz in Osttirol nach Innichen/San Candido
in Südtirol
Dieser Zug wies den gleichen Fehler auf wie am 27. April 2013, obwohl er deswegen bereits repariert worden war: Der Steuerwagen des Zuges fuhr rückwärts anstatt vorwärts, und umgekehrt.

Vor Inbetriebnahme des Zuges stellte der Lokführer fest, dass wegen eines technischen Defekts ein Wagen finster und stromlos war – obwohl er direkt aus der Werkstatt geliefert worden war. Auch der ebenfalls aus der Werkstatt kommende Steuerwagen war fehlerhaft. Die Abfahrt des Zuges erfolgte mit 44 Minuten Verspätung. In der »Meldung« an seine Vorgesetzten wies der Lokführer darauf hin, dass derartige Betriebsmängel keine Ausnahmen sind, sondern offenbar System haben. Und dass er Ähnliches bereits am 25. April 2013 geschrieben hatte.

Aus den Tagebuch-Eintragungen des 25. April 2013 ist nicht ersichtlich, welche »Meldung« damit gemeint ist.

Im Folgenden zwei auffallende Eintragungen über betriebliche Mängel:

25. April 2013, 08:30 Uhr
Regionalzug von Bernhardsthal an der tschechischen Grenze
über Wien nach Wiener Neustadt

Bei Übernahme des Zuges wurde dem Lokführer von seinem Vorgesetzten mitgeteilt, die Lok habe eine Störung – das sei aber kein Grund, sie gegen eine andere zu tauschen. Während der etwa zweistündigen Fahrt ertönte etwa fünfzigmal pro Minute ein lautes Warnsignal, was zur Folge hatte, dass der Lokführer bei der Ankunft in Wiener Neustadt unter Kopf- und Ohrenschmerzen litt. In seiner Meldung wies der Lokführer darauf hin, dass diese technische Störung bei diesem Typ von Loks öfter auftritt, und regte an, die Werkstatt einzuschalten, denn eine derartige Dauerbeschallung sei der Konzentration beim Fahren nicht gerade dienlich.

25. April 2013, 00:00 Uhr
Regionalexpress (REX) von Wien Westbahnhof über St. Pölten
und Melk nach St. Valentin/NÖ
Der Lokführer stellt fest, dass die Klimaanlage bereits seit mehr als eineinhalb Monaten nicht funktioniert und es eine Reihe weiterer Reparatur gibt, die nicht erledigt wurden.

17. Mai 2013, 11:15 Uhr
Regionalexpress (REX) von Passau über Schärding und Wels nach Linz
Bei der Abfahrt in Grieskirchen war das Signal zuerst auf »FREI« gestellt, dann aber, etwa fünf Meter davor, sprang es plötzlich auf »HALT«, und der Zug kam erst danach zum Stehen. Der Fahrdienstleiter erklärte dem Lokführer, dass die Sicherungsanlage wieder Probleme mache – was darauf schließen lässt, dass das häufiger vorkommt.

18. Mai 2013, 06:45 Uhr
Regionalzug von Summerau über Freistadt nach Linz
Beim planmäßigen Halt am Bahnhof Gaisbach-Wartberg ging am Steuerwagen der Hauptschalter aus. Nach dem Wiedereinschalten kam es zu einer Betriebsstörung. Eine Kontrolle des Bordbuches ergab, dass dieselbe Störung schon wiederholt aufgetreten war, auch am Tag zuvor. Da hatte der Vorgesetzte einen Loktausch verweigert. Erst am 18. Mai wurde die Lok in die Werkstatt gestellt.

20. Mai 2013, 10:00 Uhr
CAT Wien Mitte zum Flughafen Wien-Schwechat
Aus der Werkstatt kam ein CAT-Steuerwagen in folgendem Zustand: Kabellitzen waren am gesamten Führerpult verstreut (Verletzungsgefahr), am Pult war millimeterhoch Staub und Dreck, die Sitze waren genauso verdreckt wie der Boden, die Türschnallen waren schwarz vor Dreck.

22. Mai 2013, 13:20 Uhr
S7 von Wien Floridsdorf zum Flughafen Wien-Schwechat

Während der Fahrt stellte sich heraus, dass die Zug-Lautsprecher nicht funktionieren. Dieser technische Defekt war bereits seit längerem im Reparaturbuch vermerkt. Aus Sicherheitsgründen darf so ein Zug nicht ohne Zugbegleiter geführt werden. Weil es nicht möglich war, innerhalb kurzer Zeit einen Zugbegleiter zu organisieren, musste der Lokführer den Zug von Passagieren räumen.

24. Mai 2013, 15:25 Uhr
Regionalexpress (REX) von St. Valentin (NÖ) über Amstetten,
Melk und St. Pölten nach Wien Westbahnhof

As unerklärlichem Grund wurde nach der Abfahrt von St. Valentin zweimal eine Zwangsbremsung eingeleitet, die nicht mit dem Pedal der Sicherheits-Fahrschaltung (SIFA) unterbrochen werden konnte. Deshalb kam es jedes Mal zum Stillstand. Zur Weiterfahrt wurde in Abstimmung mit dem Vorgesetzten der Zugbegleiter als SIFA-Beimann eingesetzt. Das Fahrzeug war am selben Tag bereits zweimal wegen desselben Fehlers in der Werkstatt gewesen und als »repariert« gemeldet worden.

27. Mai 2013, 09:00 Uhr
Regionalexpress (REX) von České Velenice in Tschechien über Gmünd und
Tulln nach Wien Franz-Josefs-Bahnhof

Während der Fahrt wurde die Steuerleitung zwischen Triebfahrzeug und Steuerwagen etwa vierzigmal unterbrochen – was eine ruckartige Fahrweise und letztlich Verspätungen verursachte. Im Reparaturbuch stand, dass dieses Problem bereits seit März immer wieder auftritt und bekannt ist.

27. Mai 2013, 10:30 Uhr
S50 von Wien Westbahnhof über Purkersdorf
nach Tullnerbach-Pressbaum
Auf der Fahrt fiel in Wien Hadersdorf der Scheibenwischer aus. Der Lokführer entnahm dem Reparaturbuch, dass vor ihm bereits zwei Kollegen dieselbe Störung eingetragen hatten, am 14. Mai und am 25. Mai. Rechtfertigung der Werkstätte: Man habe das Ersatzteil nicht auf Lager! Der Lokführer vermerkte in der Meldung, dass so ein Zug aus Sicherheitsgründen gar nicht fahren dürfte.

31. Mai 2013, 15:00 Uhr
Regionalzug von Kirchdorf/Krems über Traun nach Linz
Dieser Zug hat am Bahnhof Neuhofen/Krems zwei Minuten Aufenthalt, weil er sich mit dem Regionalzug kreuzt, der von Linz nach Liezen fährt. Nach der planmäßigen Abfahrt sah der Lokführer mit Erschrecken, dass zwei junge Mädchen kurz vor seinem Zug den Übergang benutzten – trotz Warntafeln am Bahnsteig und trotz des Signals »Achtung«. Eines der Mädchen stolperte und fiel auf die Gleise. Der Lokführer leitete sofort eine Schnellbremsung ein und konnte den Zug durch seine schnelle Reaktion gerade noch zum Stehen bringen. Beinahe hätte er die beiden Mädchen überfahren. Der Schreck saß ihm so tief in den Gliedern, dass er sich sofort krankschreiben ließ. Seinen Vorgesetzten teilte er mit, dass er in Zukunft bei diesem Übergang keinen Zug mehr in Bewegung setzen werde, bevor nicht alle Reisenden des Gegenzugs den Bahnsteig verlassen haben – auch wenn sein Zug sich dadurch verspäte.

Züge ohne Zugbegleiter
(in der ÖBB-Sprache als 0:0-Verkehr bezeichnet)

Seit einigen Jahren versuchen die ÖBB vehement, Personal einzusparen. Das trifft vor allem auch Zugbegleiter im Nah- und Regionalverkehr. Wenn Züge nur mit Lokführer, aber ohne Zugbegleiter fahren, nennt man das ÖBB-intern 0:0-Betrieb. Das bedeutet, dass es in Notsituationen für die Fahrgäste nur noch den Lokführer als Ansprechperson gibt. Im Unterschied zu Busfahrern oder U-Bahnfahrern können Lokführer jedoch nicht einfach den Zug anhalten, den Führerstand verlassen und zu den Waggons gehen. Umgekehrt können Reisende auch keinen direkten Kontakt mit dem Lokführer aufnehmen – die Kommunikation läuft also über Notrufstellen und Lautsprecher. Sind diese gestört, darf sich der Zug nicht in Bewegung setzen, falls die ÖBB keinen Zugbegleiter auftreiben, der mitfährt.

Eine Analyse der Lokführer-Meldungen zeigt, dass es bei österreichischen Regional- und Nahverkehrszügen ein gravierendes Problem bei zuginternen Notrufstellen und Lautsprecheranlagen gibt. Beispielsweise konnten im Mai 2013 wegen technischer Mängel rund 250 österreichische Regional- oder Nahverkehrszüge nicht abfahren. Entweder fiel der Zug aus, oder es mussten schleunigst Zugbegleiter aufgetrieben werden.

Weil dieses Problem so häufig auftritt, heißt es in den Lokführer-Meldungen meist lapidar: »0:0 untauglich wegen nichtfunktionierender Notruf-Stellen.«

Die Schweizer Eisenbahn hat schon viel früher als die ÖBB begonnen, Züge ohne Zugbegleiter zu führen. Dort beginnt man allerdings umzudenken und zumindest Sicherheitspersonal auf manchen Zügen einzusetzen.

Kurzfristig spart der 0:0-Verkehr Personal und damit Geld. Langfristig steigt damit aber der Vandalismus in Zügen, und es kommt häufiger zu Gewalttaten. Die Folgen: erhöhte Kosten für Reinigung und abnehmendes Sicherheitsgefühl der Reisenden sowie Mehrverspätungen. Das verringert langfristig die Attraktivität der Bahn. Die folgende Lokführer-Meldung zeigt, dass die Betriebssicherheit des 0:0-Verkehrs von manchen Lokführern generell in Frage gestellt wird:

25. Mai 2013, 04:45 Uhr
Regionalzug von Wien Westbahnhof nach St. Pölten
Weil bei diesem Zug die Außenlautsprecher defekt waren, konnte er nicht im 0:0-Betrieb, sondern nur mit Zugbegleitern geführt werden. An der Haltestelle Tullnerbach-Pressbaum fragte der Zugbegleiter den Lokführer, warum er entgegen der Vorschrift die Türen auf beiden Seiten freigegeben habe! Der erstaunte Lokführer bestritt das.

Der Zugführer machte ihn darauf aufmerksam, dass beim Wagen Nummer 26 33 203 die Türen trotz eingeschalteter seitenselektiver Türsteuerung auf beiden Seiten aufgingen! Der Lokführer informierte seinen Vorgesetzten, brachte den Zug in die Werkstatt und wies in seiner Meldung darauf hin, dass am Beginn jeder Zugfahrt routinemäßig nur die Türsteuerung am letzten Wagen überprüft wird, aber nicht an den übrigen Wagen. Aufgrund des Vorfalls müsse man sich generell fragen, ob beim 0:0-Betrieb die Sicherheit der Reisenden gewährleistet sei.

Suizidversuche und Suizide auf Bahnstrecken

Im Mai 2013 gab es im Internet-Portal der Lokführer fünf Meldungen über vollzogene und drei über missglückte Suizidversuche.

Hier sind einige Berichte:

9. Mai 2013, 07:45 Uhr
IC 543 von Salzburg nach Wien Westbahnhof

Bei Kilometer 251.3 zwischen dem Bahnhof Timelkam und der Abzweigung Vöcklabruck 1 hörte der Lokführer einen Knall, dachte, dass er vielleicht ein Reh überfahren hat, und fuhr weiter. Im Bahnhof Vöcklabruck schaute er gemeinsam mit dem Zugbegleiter nach. Zwischen Lok und erstem Wagen entdeckten sie einige Fleischfetzen und gingen davon aus, dass es sich wohl um ein Tier handelte. Der Lokführer verständigte seinen Vorgesetzten. In Wels erfuhr er jedoch, dass es ein Mensch gewesen war. Der Zug wurde geräumt und der Lokführer abgelöst. Am Tag darauf wurde am Polizeiposten Timelkam ein Protokoll angefertigt.

13. Mai 2013, 14:53 Uhr
S1 von Villach Hauptbahnhof über Klagenfurt nach Friesach/Kärnten

Zwischen Krumpendorf am Wörthersee und Klagenfurt Lend, bei Kilometer 130,8, sprang eine Frau vor den Zug und wurde trotz Schnellbremsung überrollt.

24. Mai 2013, 05:00 Uhr
Regionalzug auf der Südbahnstrecke von Mürzzuschlag über Kapfenberg,
Bruck und Graz nach Spielfeld-Straß nahe der slowenischen Grenze

Zwischen Kapfenberg und Bruck/Mur stellte sich um 4:52 Uhr bei Kilometer 154,700 ein Mann auf die Gleise und wurde trotz Schnellbremsung vom Zug erfasst. Der Lokführer wurde abgelöst, von der Polizei einvernommen und anschließend von einem Kriseninterventionsteam Bruck/Mur betreut.

25. Mai 2013, 13:30 Uhr
Regionalzug von Braunau/Inn über Ried/Innkreis
nach Neumarkt-Kallham

Nach der Ausfahrt vom Bahnhof Ried bemerkte der Lokführer einen Jugendlichen, der auf dem Gleis kniete. Durch eine Schnellbremsung brachte er den Zug noch rechtzeitig zum Stehen, verständigte die Polizei und seinen Vorgesetzten und versuchte den aufgeregten Jugendlichen zu beruhigen. Nachdem die Polizei den Jugendlichen in Gewahrsam genommen hatte, setzte er die Fahrt in Absprache mit dem Fahrdienstleiter fort.

Funkstille

Bei den ÖBB hat es sich eingebürgert, dass Disponenten, Fahrdienstleiter oder Wageneinsatzleiter, die ähnlich wie Fluglotsen den Zugverkehr überwachen, mit den Lokführern, außer in Notfällen, kaum kommunizieren. Nach Ansicht von Bahnfachleuten verursacht das eine Fahrweise, bei der es vermehrt zu einem Abbremsen und Wieder-Beschleunigen und damit zu einem erhöhten Energieverbrauch kommt (siehe dazu auch Seite 48). Außerdem, und das wird besonders in den folgenden Lokführer-Meldungen deutlich, lässt man damit auch die Fahrgäste »dumm sterben«, denn wenn Lokführer von ihren Vorgesetzten über Ursachen und Dauer von ungeplanten Stopps nicht informiert werden, können sie entsprechende Hinweise auch nicht an die Fahrgäste weitergeben. Ist das die vielbeschworene Kundenfreundlichkeit der ÖBB?

6. Mai 2013, 15:06 Uhr
S1 von Gänserndorf über Wien nach Mödling
Der Lokführer berichtet über einen acht Minuten dauernden Aufenthalt in Wien Liesing, und dass er vom Disponenten dazu keine Begründung erhalten hat.

9. Mai 2013, 16:30 Uhr
S80 von Wien Hirschstetten über Erzherzog-Karl-Straße
nach Wiener Neustadt
Der Lokführer ärgert sich, dass er in der Haltestelle Erzherzog-Karl-Straße sechs Minuten länger als geplant halten muss und

vom Fahrdienstleiter keine Begründung erhält. Er denkt an die Fahrgäste, und dass er sie nicht informieren kann, weil er selbst auch keine Informationen erhält. Deswegen schreibt er sogar eine Meldung an seine Vorgesetzten und fügt hinzu, dass das wahrscheinlich eh »für die Fisch ist«.

12. Mai 2013, 19:00 Uhr
Railjet von München über Salzburg und St. Pölten
nach Wien Westbahnhof

Ein Railjet ist sehr schnell unterwegs und läuft ab St. Pölten auf einen verspäteten Zug der WESTbahn AG auf. Deshalb muss der Lokführer zweimal auf unter 150 km/h abbremsen. Wenn er dann wieder beschleunigt, kostet das viel Energie. Weil der Disponent ihn nicht über den vor ihm fahrenden WESTbahn-Zug informiert, wiederholt sich dieses Stop-and-go, und so kann er den Zug vor ihm erst am Bahnhof Tullnerfeld überholen. Der Lokführer ärgert sich über die mangelnde Kommunikation und weist im Lokführer-Tagebuch auf den erhöhten Energieverbrauch hin.

15. Mai 2013, 08:17 Uhr
S3 von Wien Meidling über Floridsdorf nach Hollabrunn/NÖ

Eine Situation, die immer wieder vorkommt: Die S3 steht in Wien Meidling abfahrbereit nach Wien Floridsdorf. Der am Nachbargleis erwartete Regionalzug, der ebenfalls nach Wien Floridsdorf fährt, hat fünf Minuten Verspätung. Weil der Lokführer der S3 vom Fahrdienstleiter noch keine Genehmigung zur pünktlichen Abfahrt erhalten hat, fragt er nach – und erhält eine unwirsche Antwort. Also muss er weiter warten. Endlich trifft der Regionalzug am Nachbargleis ein, mit sechs Minuten Verspätung.

Nun passiert Folgendes: Reisende, die sich auskennen, steigen aus der S3 aus und rennen zum Regionalzug hinüber, weil sie hoffen, damit ein paar Minuten schneller nach Floridsdorf zu kommen.

Als der Regionalzug endlich abfährt, hat er acht Minuten Verspätung. Erst jetzt lässt der Fahrdienstleiter die S3 auch abfahren – mit sechs Minuten Verspätung. Die Folge dieser unnötigen Verspätung der S3 ist, dass sich Reisende beim Lokführer immer wieder beschweren, dass dessen Zug zwar pünktlich in Wien Meidling ankommt, aber immer verspätet abfährt!

In seiner Meldung beschwert sich der Lokführer über die Unfreundlichkeit und das arbeitsscheue Verhalten seiner Vorgesetzten und fordert Konsequenzen.

18. Mai 2013, 01:00 Uhr
S50 (Nachttaxi) von Wien Westbahnhof über Purkersdorf
und Pressbaum bis nach Hofstatt
Nach Mitternacht, am Ende seiner Fahrt in Hofstatt, entdeckt der Lokführer, dass der Triebwagen total verschmutzt ist: Erbrochenes auf einer Sitzbank und entlang des Ganges bis hin zur Einstiegstür. Es stinkt. Weil man den Fahrgästen so einen Zug für die Rückfahrt nicht zumuten kann, verständigt er den Wageneinsatzleiter, um den Triebwagen zu tauschen. Der lässt ihn abblitzen und erklärt, er sei dafür nicht zuständig. Nach einem Disput über das Erscheinungsbild der ÖBB in der Öffentlichkeit wird der Triebwagen schließlich doch getauscht.

23. Mai 2013, 18:58 Uhr
Railjet von Salzburg über St. Pölten nach Wien Westbahnhof
In St. Pölten darf der Zug nicht wie geplant abfahren. Als der Lokführer beim Disponenten nachfragt, erhält er zur Antwort: Er habe zu arbeiten. Dann bricht der Disponent die Kommunikation ab, und der Lokführer wundert sich.

Nicht durchgeführte Reparaturen mit
negativen Auswirkungen auf die Kunden

2. Mai 2013, 20:15 Uhr
S3 von Fehring/Steiermark über Gleisdorf nach Graz
Die Klimaanlage des Zuges gibt während der Fahrt ein pfeifendes, nervenaufreibendes Geräusch von sich. Fahrgäste beschweren sich beim Lokführer. Was soll er tun? Dieses Problem wurde bereits am 22. April 2013 dem Vorgesetzten gemeldet. Eine Reparatur blieb erfolglos.

6. Mai 2013, 16:30 Uhr
Regionalexpress (REX) von Linz über Perg nach Sarmingstein
Die Klimaanlage gibt laute, schrille und quietschende Geräusche von sich. Der Lokführer vermerkt in seiner Meldung, dass dieses Problem auch bei vielen anderen Triebwagen auftritt. Er fordert seine Vorgesetzten auf, das endlich abzustellen. Bisher hat er immer nur die Antwort erhalten, man arbeite daran.

25. Mai 2013, 16:00 Uhr
Regionalzug zwischen Feldkirch/Vorarlberg und Buchs/Schweiz
Der Triebwagen dieses Regionalzugs war bereits eine Woche zuvor, am 17. Mai, in die Werkstatt gebracht worden, mit dem Hinweis auf zwei Türen, die sich nicht öffnen ließen. Nun, am 25. Mai, stellte der Lokführer fest, dass der Triebwagen trotz Aufenthalts in der Werkstatt offenbar nicht repariert worden war. Die Folgen für den Lokführer: Die Fahrgäste gehen zu Türen, die sich nicht öffnen lassen, wundern sich, fluchen und machen sich auf den Weg, um eine andere zu finden. Bei älteren, gebrechlichen Personen muss der Lokführer alle Türen zusätzliche fünfzehn Sekunden offen halten. Bei zwanzig planmäßigen Haltestellen ergibt das eine Stehzeit von fünf Minuten. Ein häufig verwendetes Motto bei den ÖBB lautet: »Jede Sekunde zählt.«

Zusammenstöße mit Tieren

Kühe, Schafe und Pferde halten sich nicht an Bahnsignale. Vielleicht gefällt ihnen die Farbe Rot, und vielleicht sind Bahnschranken für sie Aufforderungen zum Spielen auf Gleisen. Wie auch immer: Zusammenstöße zwischen Zügen und Tieren zählen zum Alltag von Lokführern.

6. Mai 2013, 19:08 Uhr
Regionalzug von Bad St. Leonhard über Bleiburg nach Klagenfurt
Im Lavanttal zwischen St. Stefan und St. Andrä gönnt sich eine Kuh ein Abenteuer: Sie trabt auf dem Gleis dem Zug entgegen. Der Lokführer bemerkt es noch rechtzeitig und stößt mehrmals das Signal »Achtung« aus. Weil die Kuh weder dumm noch faul ist, trabt sie zur Seite und lässt den Zug passieren. Der Lokführer informiert den Fahrdienstleiter.

26. Mai 2013, 17:20 Uhr
Regionalzug von Sopron (Ungarn) über Mattersburg nach Wiener Neustadt
Vor der Leithabrücke kommen dem Zug einige heftig winkende Personen entgegen: Der Lokführer soll anhalten! Im Gleisbereich liegt ein Pferd mit gebrochenem Vorderbein, umgeben von Rettungskräften. Als die Situation geklärt ist, fährt der Lokführer in Absprache mit dem Fahrdienstleiter zum Bahnhof Neudörfl. Dort wird er abgelöst und kann mit dem Taxi zur Dienststelle fahren.

29. Mai 2013, 22:30 Uhr
S1 von Lindau nach Bludenz in Vorarlberg
Es ist spätabends, zwischen der Haltestelle Haselstauden und Dornbirn. Der Lokführer bemerkt, dass sich vor ihm am Gleis etwas bewegt. Weil er nicht erkennt, was es ist, leitet er sofort eine Schnellbremsung ein und gibt das Signal »Achtung«. Trotzdem kommt es zu einem Zusammenprall mit einer Herde von Schafen. Drei oder vier werden vom Zug überfahren, einige gestreift.

Ausfälle und Störungen
des Zugsicherungssystems ETCS

Die EU verfolgt das Ziel, das Zugsicherungssystem ETCS europaweit einzuführen, um einheitliche Sicherheitsstandards zu erreichen (siehe dazu Seite 106). Bis jetzt ist dieses System allerdings noch sehr fehleranfällig. Eine häufige Folge davon sind Zwangsbremsungen. Im Mai 2013 gab es etwa ein Dutzend Lokführer-Meldungen über ETCS-Störungen.

22. Mai 2013, 00:00 Uhr
IC von Wien Westbahnhof nach Salzburg
Kurz vor Salzburg fällt das ETCS-Sicherungssystems aus, und der IC-Zug wird zwangsweise gebremst und zum Stillstand gebracht. In Salzburg versucht der Lokführer, das ETCS-System neu zu starten – was nicht gelingt. Er verständigt die Disposition.

23. Mai 2013, 22:00 Uhr
Güterzug auf der Westbahnstrecke zwischen Linz und Wels
Auf der Fahrt nach Wels, zwischen Oftering und Hörsching, tritt beim ETCS-System plötzlich eine Störung auf, und der Zug wird zwangsweise abgebremst. Nach einem Neustart funktioniert ETCS wieder normal. Laut Fehlerspeicher ist diese Störung bereits viermal aufgetreten.

Alles sauber – oder nicht?

Probleme mit der Reinigung scheinen im ÖBB-Betrieb zu den Klassikern zu gehören – egal, ob es sich um Stirnscheiben von Lokomotiven handelt, um WCs oder ganz allgemein um die Sauberkeit von Railjet-Zügen. Mir selbst ist aufgefallen, dass bei allen Fahrten auf Loks, die ich für dieses Buch durchführte, die Stirnscheiben unglaublich verschmutzt waren – als wären sie bereits seit Wochen nicht mehr geputzt worden. Ob das der Sicherheit dienlich ist?

9. Mai 2013, 10:00 Uhr
Regionalzug von Wiener Neustadt über Wien auf der Nordbahnstrecke
nach Bernhardsthal an der tschechischen Grenze
Als der Lokführer den Zug in Betrieb nimmt, ärgert er sich: Sowohl beim Steuerwagen als auch beim Triebwagen sind die Stirnscheiben durch Insekten stark verschmutzt. Und das, obwohl der Zug über Nacht abgestellt war und ausreichend Zeit für eine Reinigung vorhanden gewesen wäre.

10. Mai 2013, 07:15 Uhr
Regionalzug von Kötschach-Mauthen nach Villach
Voller Abscheu beobachtet der Lokführer, wie das Reinigungspersonal zunächst die WC-Absauganlage benutzt und anschließend mit den von Fäkalien verdreckten Handschuhen seinen Triebwagen besteigt. Entspricht das den Hygienevorschriften der ÖBB? Ist das im Interesse der Kundenfreundlichkeit? Der Lokführer beschließt, in Zukunft während der WC-Absaugung die Türen seines Triebwagens nicht mehr zu öffnen.

14. Mai 2013, 21:00 Uhr
Railjet von Bregenz nach Wien Westbahnhof
Dem Lokführer fällt auf, dass »hundert Prozent« aller Railjet-Züge außen stark verschmutzt sind. Und er fragt sich, ob das in Übereinstimmung mit der ÖBB-Werbung ist, die den Railjet als »Premiumprodukt« anpreist. Laut ehemaligem Personenverkehrschef Stefan Wehinger, der den Railjet »erfand«, hat man sich für die Leitfarbe Rot entschieden, weil dabei Schmutz am wenigsten auffällt.

20. Mai 2013, 13:45 Uhr
Regionalzug von České Velenice (Tschechien) über Gmünd,
Eggenburg und Tulln nach Wien Franz-Josefs-Bahnhof

Der Lokführer meldet seinem Vorgesetzten, dass beim Steuerwagen sowohl die Stirnscheibe als auch die Außenspiegel gereinigt werden müssen. Als er das kontrolliert, stellt er fest: Das ist nicht geschehen!

20. Mai 2013, 17:08 Uhr
EC 173 von Hamburg über Berlin, Prag und Wien nach Villach

Bei der Ankunft in Villach waren die Stirnscheiben des Triebfahrzeugs stark verschmutzt. Der Lokführer suchte den Wageneinsatzleiter persönlich auf, um sicherzustellen, dass die Stirnscheiben des Railjets, mit dem er am nächsten Morgen nach Wien fahren sollte, gereinigt werden. Nach Rücksprache mit dem Reinigungsdienst erhielt er die verbindliche Antwort, das gehöre zur planmäßigen Reinigung. Als er am nächsten Morgen den Railjet in Betrieb setzte, stellte er fest, dass nicht gereinigt wurde. In einer Meldung schlug er vor, die ÖBB-Verantwortlichen sollten sich entscheiden: ob die Lokführer die Reinigung in Zukunft selbst durchführen sollen, oder ob man weiterhin eine Firma beauftrage, die dies ohnedies nicht tue.

22. Mai 2013, 14:00 Uhr
Regionalzug von Saalfelden über Kitzbühel nach Wörgl

Während der Fahrt verständigte der Lokführer den Wageneinsatzleiter, das WC sei unbenützbar – der Abwassertank war voll. Weil der Zug am Zielbahnhof Wörgl eine Stunde Aufenthalt hatte, war genügend Zeit für eine Entleerung vorhanden. Der Wageneinsatzleiter erklärte jedoch, das sei nicht möglich, weil die Absauganlage in Wörgl von einem verantwortlichen Manager außer Betrieb gesetzt wurde.

Vorfälle mit Fahrgästen, Passanten und Sprayern

14. Mai 2013, 00:15 Uhr
S60 von Wien Hütteldorf über Gramatneusiedl nach Bruck/Leitha
Ein Beinahe-Unfall mit wahrscheinlich betrunkenen Fahrgästen: Kurz nach Gramatneusiedl erscheint bei einer Geschwindigkeit von 70 bis 80 km/h am Lokführerstand das Signal »Türe auf«! Der Lokführer leitet sofort eine Schnellbremsung ein und stellt nach dem Anhalten fest, dass die letzte Tür von zwei Fahrgästen notentriegelt wurde. Sie waren ausgestiegen, gingen zu Fuß am Gegengleis und konnten auch durch Zureden nicht dazu gebracht werden, wieder einzusteigen. Weil es Mitternacht war, bemerkte der Lokführer am Scheinwerferlicht, dass sich am Gegengleis von weitem ein Zug näherte.

Er lief zu seinem Führerstand, betätigte den Notruf und sandte mit dem Fernlicht Zeichen. So gelang es ihm, den Gegenzug noch vor den beiden Personen zum Stehen zu bringen. Nach zwanzig Minuten Verspätung konnte er die Fahrt fortsetzen.

18. Mai 2013, 10:32 Uhr
Güterzug, Wels Hauptbahnhof
Am Welser Hauptbahnhof saßen mehrere Jugendliche sorglos auf der Bahnsteigkante – ohne auf durchfahrende Züge zu achten. Der Lokführer bemerkte das früh genug, gab »Achtung«-Signale, leitete eine Schnellbremsung ein und brachte den Zug noch rechtzeitig zum Stehen.

20. Mai 2013, 19:45 Uhr
S5 von Scharnitz über Seefeld nach Innsbruck
Nach der Haltestelle Allerheiligenhöfe bemerkte der Lokführer zwei kleine Kinder, die am Bahndamm spielten. Sie waren so nahe, dass er gar keine Zeit mehr hatte, eine Notbremsung einzuleiten. Sie rutschten die Böschung in Richtung Gleis herunter und winkten ihm im Vorbeifahren freundlich zu. Er meldete den Vor-

fall und machte seine Vorgesetzten darauf aufmerksam, dass in diesem Streckenbereich offenbar verabsäumt wurde, einen Zaun aufzustellen.

21. Mai 2013, 20:27 Uhr
S3 von Freilassing über Salzburg, Hallein und Bischofshofen
nach Schwarzach-St. Veit

Kurz vor der Haltestelle Salzburg Gnigl bemerkte der Lokführer ein Holzbrett und drei Steine am linken Schienenstrang. Er leitete sofort eine Schnellbremsung ein, konnte seinen Zug jedoch nicht mehr rechtzeitig zum Stehen bringen und überfuhr die Hindernisse mit einer Geschwindigkeit von circa 10 bis 15 km/h. Eine Kontrolle ergab keine Schäden am Triebwagen.

26. Mai 2013, 18:40 Uhr
S1 von Mödling über Wien nach Gänserndorf

In Wien Floridsdorf bemerkte der Lokführer vier Personen, die aus einem abgestellten Triebwagen sprangen und quer über das Gleis flüchteten. Er gab durchgehend das Signal »Achtung«. Einer der vier stürzte und konnte sich im allerletzten Moment à la Jackie Chan aus dem Gleis rollen. Der Lokführer verständigte die Betriebsführung und setzte mit deren Erlaubnis seine Fahrt fort.

30. Mai 2013, 06:30 Uhr
Regionalexpress (REX) von Győr in Ungarn nach Wien

Bei Übernahme des Zuges fiel dem Lokführer auf, dass die Schleifleisten des Stromabnehmers nicht mehr funktionierten und der Zug deshalb nicht mehr fahrtauglich war. Zu diesem Zeitpunkt war der Zug schon von Fahrgästen besetzt. Die Räumung des Zuges war schwierig, denn im WC hatten sich zwei Burschen eingeschlossen, die übereinander lagen und weder auf Anreden noch Anstupsen reagierten. Sie konnten nur mit Hilfe von Sicherheitspersonal entfernt werden.

Vermischte Meldungen

4. Mai 2013, 19:30 Uhr
Güterzug Nr. 49692, Gloggnitz

Am Bahnhof Gloggnitz brach ein Fahrdienstleiter laut Lokführer ohne für ihn erkennbaren Grund bei der Übernahme eines Güterzuges einen Streit vom Zaun, habe ihn beleidigt und sei sogar handgreiflich geworden.

20. Mai 2013, 21:00 Uhr
IC von Wien Westbahnhof über Linz, Salzburg und Bischofshofen
nach Saalfelden

Aus Unachtsamkeit passierte dem Lokführer ein Missgeschick. Er vergaß, den Zug in Vöcklabruck anzuhalten. In Absprache mit der Disposition hielt er außerplanmäßig am nächsten Bahnhof Vöcklamarkt.

24. Mai 2013, 00:00 Uhr
Innsbruck Hauptbahnhof

Ein nichtrauchender Lokführer ärgerte sich über seine rauchenden Kollegen. In einer Meldung an seine Vorgesetzten schrieb er, dass er nichts gegen Raucher habe, und fragte, warum ihm die ÖBB keinen rauchfreien Arbeitsplatz zur Verfügung stellen. Er sei es leid, immer wieder total verrauchte Lok-Führerstände betreten zu müssen. Beim nächsten Mal, kündigte er an, werde er zunächst zehn Minuten lüften und dann halt mit Verspätung abfahren.

Was sagt ÖBB-Generaldirektor Christian Kern zu diesen Meldungen?

Ich habe ÖBB-Generaldirektor Christian Kern per E-Mail gefragt, ob er Kenntnis von diesen Lokführer-Meldungen hat. Die Pressesprecherin des ÖBB-Konzerns übermittelte folgende Antwort – mit dem Hinweis, dies unter dem Titel »ÖBB« zu zitieren:

»Unsere Triebfahrzeugführer schreiben über ihr TIM-Notebook Meldungen über Vorkommnisse mit Reisenden, Ladegut, Auffälligkeiten auf der Strecke oder Störungen an Lok und Waggons usw.

Diese elektronischen Meldungen ergehen an unsere Mitarbeiter des Qualitätsmanagements und werden direkt bearbeitet beziehungsweise werden an die jeweiligen Experten weitergeleitet. Auswertungen über Ursache, wie oft, wo, wann ... werden durchgeführt.

Die Zugbegleitermeldungen werden in der Produktion von der Disposition bearbeitet. Beispiel: Zugbegleiter meldet abgesperrte Tür, unser Management koordiniert den Zulauf in die Werkstätte.«

Ich habe Generaldirektor Christian Kern auch gefragt, ob ihm bekannt sei, dass der 0:0-Betrieb – also der Betrieb ohne Zugbegleiter – nach Aussagen von Lokführern nur mangelhaft funktioniert und sehr häufig nicht betrieben werden kann, weil technische Mängel vorliegen. Außerdem habe ich ihm die Frage gestellt, ob es eine ÖBB-interne Statistik gibt, wie häufig solche Fehler auftreten.

Ich habe darauf nur ausweichende Antworten erhalten.

Würden die ÖBB die Lokführer-Meldungen ernst nehmen und auswerten, wüssten sie, dass solche Fehler beispielsweise im Mai 2013 rund 250 Mal auftraten (siehe dazu auch Seite 184).

Auf meine konkrete Frage, ob Generaldirektor Christian Kern

persönlich Kenntnis von diesen Lokführer-Meldungen hat, habe ich keine Antwort erhalten. Spätestens dann, wenn dieses Buch erscheint, wird er wohl nicht mehr darum herumkommen, diese zu lesen.